渐行渐远

编著/曲利明

海峡出版发行集团
THE STRAITS PUBLISHING & DISTRIBUTING GROUP
海峡书局

图书在版编目（CIP）数据

渐行渐远 / 曲利明著. — 福州 : 海峡书局,2018.9
ISBN 978-7-5567-0513-9

Ⅰ. ①渐… Ⅱ. ①曲… Ⅲ. ①民居－古建筑－介绍－中国 Ⅳ. ①K928.71

中国版本图书馆CIP数据核字(2018)第148647号

编　　著：曲利明
责任编辑：廖飞琴　陈婧　卢佳颖　胡悦　陈洁蕾　俞晓佳
装帧设计：董玲芝　李晔　黄舒堉
封面设计：董玲芝

JIÀNXÍNGJIÀNYUǍN
渐行渐远

出版发行：海峡书局
地　　址：福州市鼓楼区五一北路110号11层
邮　　编：350001
印　　刷：深圳市泰和精品印刷有限公司
开　　本：889mm × 1194mm　1/32
印　　张：7.875
图　　文：250码
版　　次：2018年9月第1版
印　　次：2018年9月第1次印刷
书　　号：ISBN 978-7-5567-0513-9
定　　价：48.00元

前言

对于一个50后的人来说，大多数人都经历过那段铭心刻骨的知青上山下乡生活。从城市到乡村，接受了艰苦的再教育过程，断崖式的人生经历，有着过山车的感觉，不管你是否愿意，在大的历史背景下，本能的狂热替代了理智，兴奋、冲动、幻想替代了一切。乡村的原始生活，改变了许多人的认知，年轻时留下了深深的烙印，挥之不去。那段经历，那段历史，那段磨难，足以让你有长征式的伟大，难以磨灭。

2014年，原福建画报社社长老崔，在退休之前，策划了一次以《闽江》为主题的活动，鼓动一帮中老年人披挂上阵，提高主题创作的含金量。参加人员大多是福建摄影界的大咖，很多人经历了上过山下过乡的知青生活，走进久违的乡村，自然情绪高涨，不顾路途遥远，风吹雨打，闷热高温，耗时两年，走遍了闽江大多源头乡村，收获满满。我有幸参与活动，寻找久违的乡土碎屑，闻乡识土，时常快速浏览，时而驻足深思，一个记忆，一种眷恋。随着年龄的增长，少些狂热，多了淡定，少年时期的农村往事，悄然间涌入脑海、迸进心头，多少年过去了，依旧历历在目……

探访闽江两岸的历史与文化，自然与山水，重温过去的梦幻，倍感亲切。工业文明正在逐渐代替农耕文明，时代前行的步伐，时空转换的规律，在这个过程中，原有农耕文明建构下的庞大民间文化、自然生态正逐步地散失，大多处于自生自灭状态。新时代、新农村逐渐替换原有的生活方式、思维及观念，几百年传承下来的历史文化、自然与生态，到我们这里也许戛然而止。

从闽江入手，汇集多年来拍摄福建古民居的第一手留存资料，将散落在乡村场景、气息、碎片的故事，重新整合、梳理、拾回，让人们放慢脚步，回头重新审视这片土地的价值所在。失去的将永远无法弥补，留下的是否能继续保存。

我们无法阻止时代的变化，但我们的历史文化、自然生态要挽留，用镜头、文字记录散落在乡村古朴的农耕文化、纯正的自然文化、传统的信仰文化、灵动的生态文化，是意义所在。

我们无法真正了解闽江全貌，因为它太大、太宽、太深，水流太急，但我们学习闽江，小成大，少成多，从源头开始，从山涧涌现出的泉水，绿枝滴下来的水珠，汇聚成小沟、小溪、小河，汇成闽江，流入大海。触摸源头，先积源水，后成江河，观八闽大地，拾回青春的记忆，用造型语言与抽象语言相结合，采用不同的方式，不同角度，不同的思维去观察，展示影像文化的魅力。一张照片，一段文字，一个场景，一个故事，汇集形成独有的《闽江》文化载体，同时展示了中国历史长河的一个缩影。

失去的无须留恋，留下的好好珍惜。采集点滴 “心经”，选择部分图片与相知者共享。

目录

厅堂 001

灶膛 017

锁的故事 025

门上风光 032

吊挂艺术 040

木器 048

石器 057

竹器 065

陶器 074

窗棂之美 080

老街、老店、老铺子 088

铁器、电器、塑料品 097

屋檐下的雕刻艺术 104

灯的变迁 127

墙壁语录 130

手艺人 137

手的力量 148

信仰 153

烟民 161

笑的表情 168

工夫茶 172

大肉香喷喷 177

吃地瓜的日子 181

闽北山珍——竹笋 185

瞬间场景
190

再见——绿皮火车
193

慢时光的日子
196

车轮滚滚
200

乡村的桥
206

传统与现代焦灼并行
214

横坑
——闽北古村落最后的净土
223

元坑古镇
231

彩洋过大节
234

厅堂

厅堂，在中国乡村是人们重要的活动空间，在房屋建筑中占据非常重要的地位。自古以来，它在农村的政治、社会和日常生活中，以及宗教礼仪等活动中均占有重要的位置，扮演着重要的角色。

①闽西客家人，大多数家族都会有一张祖宗挂图，按族谱先后排序绘制，个个如同皇宫贵族，神采奕奕，光彩照人（连城芷溪）

可以说，中国历代建筑的厅堂[1]，呈现着中国社会发展、演变的形态。通过研究或欣赏厅堂，可以更深切地理解中国传统文化，认识中国传统价值观，体会农耕文化的情趣、操守和理想。

厅堂，是农耕信仰文化的重要组成部分，祖祖辈辈沿袭几千年，闽江从源头到入海，长长的江河在中间发生巨变。乡村固有的观念依然如故，乡镇的水泥建房，厅堂还在显耀的地方，位置未变，原有的供桌、供品、摆设已经替代，与时俱进，鲜花是人工制作，蜡烛由电器替补，供品都是人工制成，大多可以以假乱真，香火的气味都有了改良，放鞭炮都可以通过高科技替代，长年都可以供奉。逝人永存，活在有吃有花中，一个念想，足以让活人心安理得。

到了县、市、省级城市，住房都由房地产商统一开发出售，没有自己建房这一说，大多高楼建筑统一规划，建房寸土寸金，人住都困难，自然没有神的位置。但也有人坚守固有信念，在墙中挖出一块空地，人神共存的屋内，大多不伦不类，现代的建筑风格，冒出个神龛来，多少有点怪异。厅堂文化，在此戛然停止。

厅堂的内容多、规矩多。如随着时间的推移，历史的变迁，大多乡村的厅堂已面目全非，众多规矩无影无踪，除了建造时留下的巨大空间，剩下的只有厅堂正面的供桌上下，摆放、贴满的各路神仙、祖先、领导人以及各类新老旧事。祭祀内容，更是眼花缭乱、五花八门，丰富多彩。

问村民：上供台的有讲究吗？

答：没有，高兴就好。

真诚笑容，刻写在脸庞，一个念想，一种牵挂，一种精神寄托，牵着灵魂前行。“高兴”是人活着的高境界。

厅堂文化，传递正能量。

[1] 词义解析：即是客厅、堂屋，用于聚会、待客、议事、祭祖等重要场所，也是办理婚、丧、寿、喜活动中心。

①厅堂摆设气势恢宏，井然有序（闽清宏琳厝）

②先人遗照是厅堂主角，敬祖不敬神得到体现（连城芷溪）

③厅堂摆设，是达官贵人身份的象征（永春岵山镇）

④传统厅堂的陈设讲究严格有序，中规中矩，以正厅中轴线为基准，采用成组成套的对称方式摆放（宁化城郊乡社背村土堡）

1

2

3

4

①闽南一带大户人家，厅堂雕刻精美，贴金装饰，富丽堂皇，光彩照人（厦门翔安区）

②各路神灵登堂入室，抢占厅堂最佳位置（厦门翔安区）

①家族显赫，在建造房屋的布局中，厅堂位置非常重要，不惜重金打造（晋江林氏义庄）

②供桌，气势恢宏，位置显要（龙海角美镇浦尾村）

①厅堂，喜庆的重要场所（清流赖坊乡）

②办理婚、丧、寿、喜活动的场所（邵武沿山镇徐溪村）

③厅堂，老人的精神寄托（延平区南山镇凤池村）

④大厅不仅是公共场所，也是张贴各种画图的地方，物与画摆放张贴有序（邵武和平古镇）

①观音牌位和红火的标语，给冷清的老宅增添了热闹的气氛（邵武和平古镇）

②厅堂上，演绎着房屋主人的故事（古田杉洋镇古民居）

①家中添丁，厅堂是最热闹的场所（宁化下曹古民居）

②古今传奇，堂上堂下（古田杉洋镇古民居）

③零乱的大厅，端正的牌位（邵武桂林乡横坑村）

①新屋内的供桌上，毛泽东画像端正挂中间（建阳区书坊乡书坊村）

②天地合一，敬天尊祖（浦城忠信镇）

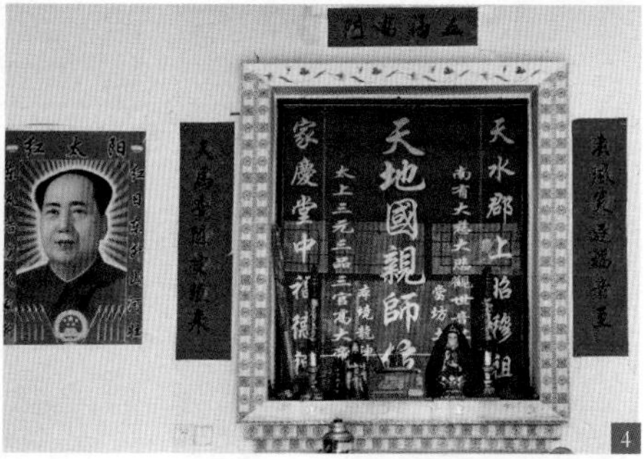

③入得了厅堂，上得了供台都是老百姓心中的精神支柱，人神共敬（清流赖坊乡）

④新房，祭祀神位必不可少（永安燕西街道吉山村）

①新屋新供台，烧瓷寿星画像永久粘贴在厅堂之上，楼房进门设计小窗，供祭父母遗照，厅堂摆设，毫无章法（延平区南山镇风池村）

②洋教登堂入室（建阳区书坊乡书坊村）

③观音像，慈母心（顺昌元坑镇）

④族谱，也是厅堂供奉的物件（清流沙芜乡龙地村）

①这个摆设，财神爷看得见，吃得着（建阳区书坊乡书坊村）

②祖先与神明同敬（顺昌元坑镇）

③神灵位子摆放显耀（清流赖坊乡）

①供奉三星，观音神灵（邵武沿山镇徐溪村）

②厅堂之上，每日都可以看见美好的祝福（建阳区书坊乡书坊村）

③寺庙失修，神灵寄居厅堂（顺昌元坑镇）

①破旧的老宅，依旧展示着厅堂的威严（泰宁新桥乡大源村）

②人去屋空，厅堂依旧（邵武沿山镇徐溪村）

③厅堂，已经失去了往日的威严，各种杂物随处可见（延平区巨口乡九龙村土厝群）

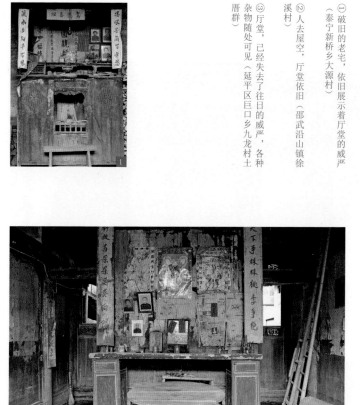

①供奉观音的场所（三明三元区中山村）

②供桌上的画像、雕塑众多，各路神仙登堂入室（武夷山岚谷乡横源村）

③祭拜观音，求子多福（清流沙芜乡龙地村）

①祖先遗照前，美好祝愿贴满堂（永泰嵩口镇古民居）

②纠结的厅堂文化（明溪胡坊镇）

③厅堂摆放先人遗照，音容犹存（宁化安远镇）

④天地国亲师位，是闽北地区许多厅堂供奉的神灵（邵武桂林乡横坑村）

①新房新气象（浦城富岭乡双同村）

②报纸补旧，厅堂概念逐渐削弱（顺昌元坑镇）

③厅堂新潮（邵武沿山镇徐溪村古民居）

④厅堂侧墙，成了广告宣传栏（古田杉洋镇古民居）

灶膛

民以食为天，自从人类懂得用火之后，灶就成为人们生活的重要组成部分，过去的春节，一般是从祭灶拉开序幕。

⊙灶具占用空间最大，几个人可以同时操作（屏南棠口乡棠口村）

灶膛，厨房相通意。“上得了厅堂，下得了厨房”是对妇女翻身得解放的特定用语。如今是男女“半边天”格局，厅堂与厨房男女穿梭自如，厨房不是女人的“专利”，厅堂不是男人独占的“神堂”。赚钱多在家就是“堂主”，贡献大声音就大，拼的是能力，靠的是实力。

厨房，在城市空中楼阁里有着不可缺少的重要地位，随着房屋装修的变革，食字当前，自然参与演变的行列中，演绎了一场又一场，记不清，数不尽。东方橱式，西方样板，东西结合，随着时代潮流的变化，更是将厨房革命进行得如火如荼，应接不暇，没了根，见不到型。

破“四旧”年代，厅堂的迷信色彩在城市住房中删除，干净彻底，没有死灰复燃的迹象，省去了拜祖敬神的空间，剩余的力气都用在了厨房。按目前智能化的厨房演变发展，只要按下几个开关，就能满足人的食欲需求，没有做不到，只有想不到。

厨房的差距，城市与乡村相去甚远。农户住宅可以缺少房间，万不可缺少厅堂与灶膛。一口大锅支撑全家的生命，喂饱了肚子，拴住心，勾住了魂，家的精髓所在。

清晨，一缕青烟升起，预示一天的开始。傍晚，灶膛起烟，预示一天结束。周而复始，长年累月，千百年没变的农耕习俗，就是变革的今天，始终坚守着阵地，丝毫没有退缩的迹象。

人行千里或远渡重洋，灶膛里的味道，味觉的记忆，如同风筝，永远牵着。

①四口锅的灶，可同时解决上百人的温饱，如今寺庙普遍存在（宁化下曹古民居）

②三锅两灶，两边可同时起火（尤溪西城镇新坑村）

③硕大灶台，折腾一只熏鸭，火候、配料、翻动，操作难度大（武夷山岚谷乡黎口村）

1

2

3

①四锅灶，多人可同时操作，农村大户人家普遍使用（尤溪西城镇）

②边远山区，木柴还是日常生活的主要燃烧原料（宁化安远镇岩前村家际村古民居）

③女主内，男主外，大多乡村还是沿袭着传统的分工习俗（武夷山岚谷乡）

①灶膛速写（武夷山吴屯乡红园村）

②猪油还是农家主要用料，榨后放些食盐，经久食用（建阳书坊乡书坊村）

③黑烟熏出来的肉，感官差，口感好，闽北乡村美食的一绝（武夷山吴屯乡红园村）

④长久用木柴燃烧，黑色与灰色成了厨房的主基调（建瓯徐墩镇伍石古民居）

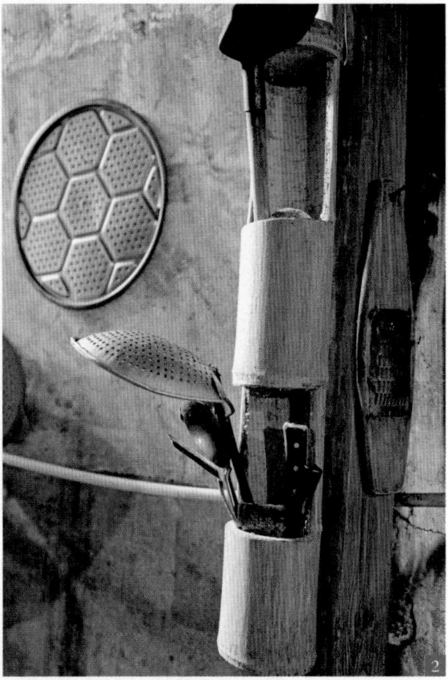

①灶台上方掏一个洞，多出的空间，摆放各种盆罐（建阳区书坊乡书坊村）

②双节竹挂筒，就地取材，便捷、实用（顺昌元坑镇）

③久违的木桶蒸饭，城市很少见了（清流嵩口镇梓材村）

④墙上挂满厨房用具，用着顺手，容易晾干，避免了发霉、生锈（武夷山岚谷乡黎口村）

①灶膛井井有条，各种用具整齐有序（沙县凤岗街道办水美村双兴堡）

②吊挂，是灶堂空间的充分利用（泰宁新桥乡大源村）

③灶房摆设，干净、整洁（建阳区书坊乡书坊村）

①灶膛与餐桌同在一间木屋，一眼扫过，传统灶膛用具悄然退出，塑料占据主导地位（宁化安远镇岩前村家际村）

②灶房用具，大多是现代工艺制品，农村灶膛悄然发生变化（宁化安远镇赵家源村）

①灶王爷位置居中，地位显赫（宁化下曹古民居）

②瓷板烧制的灶王爷画像，免去烟火熏烤（三明三元区中山村）

③福州过小年，少不了祭拜灶王爷的习俗，各种大菜、水果、糖饼摆放在灶前，有一套完整的祭祀仪式（福州台江区）

④一家之主，灶王爷为大，主管人间饮食，敬供灶台之上（建宁均口镇）

锁的故事

锁的发明有5000年的历史，世界最早的锁具源于中国的木质锁，或称木结构锁。

儿时记忆里的铁锁，是一种长长的铁疙瘩，配上一根细长的铁条，就能起到防盗功能，不复杂，铁条钥匙带点钩状，对准锁洞反复搅动几下就能打开，由当家者掌控，常常吊在裤腰上，是家中地位和权威的象征。全家金银财宝大小家当，全系在这小小的铁条上，也算得上是王熙凤在世。

如今，远离城市的村落还能看到许多木头锁门，严格来说算不上锁，是门闩，防风、防雨、防空气过多流通，防君子不防小人。闩大多从屋内上扣，大门大木条，小门小木闩，少见外面加锁。常见农家白天出去干活都不用关门，最多在门前加一个栅栏门，防鸡、鸭、狗进出，防外人登堂入室，横跨直走。

从门闩到铁锁、铜锁、金锁、银锁、景泰蓝、密码锁、磁性锁、电子锁、激光锁、声控锁等等。可按类别分，按形式分，按工艺分，一路走来，奇形怪状，五花八门，无奇不有。商家与小偷斗智斗勇，道高一尺，魔高一丈。

过去常听说商家发明新锁，抛出高额奖金打擂台，胜负不得而知，估计小偷手艺高超也不敢去比试，众目睽睽之下，赢了擂台，也就断送了后面的财路，商家也算准这点，真正的高手不敢上场，大势炒作，省去广告费，倒霉的是客户，买个门回来，还要研究半天锁的功能，不顺着商家与小偷斗法的套路学习，还无从下手，左转一圈，右回两圈，不但自己要搞懂，家里老人小孩也要有小偷、商家的智慧，否则被关的是自己。

锁的变换，常常因锁的复杂进不了门或出不了门而苦恼。门锁出现故障，找的是锁匠，几年不换锁，师傅的套路、工具都换了样，手工变成了电动，如果坏的是数字锁，动用的是高科技，含金量自然就高，花的银两顺竿飙升。往后的智能锁问世，带个手机就能将家中大小门锁一并搞定，到那时，用户、商家、锁匠、盗贼谁不头痛也会晕半天。

锁的演变反映了一个时代的特征，是人类从简单到复杂的变化过程。人类利用了锁的功能，演绎了一场又一场的伦理道德的攻防大战，胜负无结局，人的聪明才智不断的提高、升级，锁的变换就如同说书讲故事，还有下回分解。

边远山区，远离城市，现代文明接收较为迟缓，还能看见农耕时期留存的木栓、铁锁、电子锁等，各时期留下锁的踪迹，演变过程，如同一部历史大片，一幕幕清晰画面跳入眼帘，很近，有时又很远。

怀念锁的功能，更是向往没有锁的纯净。

①铁锁虽小，确保“永固”

②最原始的木制锁

③门锁的更替，一个时代的终结

④两杆两横木制锁门在乡村较为普遍

⑤双保险

⑥梅花牌锁

①初级的雏形铁锁，大多只是个摆设

②土楼、土堡、大宅院的大门用锁，防的不是小偷小摸之辈，防匪功能的门锁，要求复杂坚固

③关公月大刀当插门闩，有辟邪防贼功效

①新农村的房屋配锁，集装饰、吉利、防盗于一体

②装饰考究的门锁

③门上装眼，锁上加保险

④蝴蝶造型装饰的门锁

①龙头铁环加锁，增添几分威严

②老门环，加新锁

1

2

①警察守护，这个家估计没人敢偷

②仓库重地，换人即换锁

③纠结的门锁，横七竖八

④两锁把门，相互制约，是公共场所常用的做法

①叫得响的锁名
②门钉无数，锁换不少，门符保佑，万无一失

门上风光

在中国建筑史上，门的装饰备受重视。作为出入的重要通道，充分体现了家庭的实力，是重要的文化载体，已经突破了门的实际用途，在农耕文化中表现了民众的强烈情感，它的形式与内容渗透在中国传统文化的浓墨色彩之中。

①福神登门（清流赖坊乡）

从一扇单间的门，便可以窥视到屋主人的社会地位，财富的实力，文化承载量，地域的特点。中国人讲究面子，房屋的建筑充分考虑“七分门楼三分厅堂”的分配格局，社会地位，家族的脸面，全仰仗这门楼的显赫，给人带来一种强烈的震撼力。门已经超越了实际的价值、功能与意义。

八闽大地门楼建筑，从古到今，不管是富甲一方的财主，还是高官厚禄的官员，发迹后首先想着发家，建造高宅大院，以示光宗耀祖。中国人内敛的性格在此事上却表现得荡然无存。藏与露，突显露字，在大院门楼下足了工夫，斗拱中的檐飞檐翘角，门前的砖雕石刻，木雕泥塑，代表当时最高的工艺技术，包含了一个时代的最高工艺元素。欣赏古建筑，一扇门楼足以让人瞠目结舌，流连忘返。

北方的古宅大多浑厚

敦实，大红的门楼配上威武的石狮，红色暖调格外醒目。在南方大多见到此色门都在神门或祠堂。闽西北的宅院大多灰墙灰瓦，在石、砖、木的工艺上下足功夫，精雕细刻，精益求精。各种吉祥如意、民间意趣应有尽有。逢年过节，大红灯笼，喜庆对联，给灰色的基调增添足够的亮点。有钱人自然钱财使足，钱少的人，也不会忽视门上的风光，前门后门的设计，丝毫马虎不得，门面的装饰，达到自身实力的承受极限为止，也不失一道风景。

闽南及沿海一带的楼更不逊色，红色砖瓦，配上蓝天白云，冷暖的对比更是亮丽壮观。精雕细琢的门楼门窗，造型各异的人物花卉图案，中西文化相融的门楼故事，已经发挥到极致。门楼的材质大多采用石材，白灰黑色搭配更加威严、庄重结实，百年后还是惟妙惟肖，栩栩如生。

如今，城市的摩天大楼、别墅豪宅都省去了门面的修饰，洁净朝天。门面是生产厂家设置的，花功夫在防偷盗上。低调的门更是当今社会人的心态，土豪也学会不想张扬，就是想花钱显摆，也不会花工夫在门楼上，更多围墙在外，府门在内。高大的府院门楼，金碧辉煌也见过，大多在电视中，当成了反面教材。偶尔见到几个餐馆茶馆，在现代建筑上搭建一个古代的门面招揽生意，不伦不类，也孤掌难鸣。

中国门面文化，实际上在改革开放时期基本戛然而止。门面工程由对外张扬进入了对外内敛时期，建筑风格改变了人们的观念，门的功能大大削弱，独幢的别墅看重内在的装修，花费往往大于房屋本身建造价值。

门楼的观赏，在乡村的老宅还能见到真迹，大多残檐破壁，已经摇摇欲坠病入膏肓，一个“门”的时代终结落幕。

①门神守护，进出平安（武夷山五夫镇石村）

②黄土建造的房屋，门面不失风采（武夷山五夫镇石村）

③人间美景，木雕艺术永存（古田杉洋镇古民居）

④宗祠的门大多是朱红色油漆大门（延平区夏道镇）

①阳光不会总是眷顾门前（古田杉洋镇古民居）

②两道门的设制，前门挡家禽，后门人进出（武夷山岚谷乡横源村）

③门面中小，造型讲究（古田杉洋镇古民居）

④宅门的后人（古田杉洋镇古民居）

1

2

3

4

①门头虎头，辟邪纳福（永泰嵩口镇沧龙村）

②学堂之上，功名之门（清流赖坊乡）

③踏入红尘（光泽寨里镇桃林村）

④门面的彩画依稀可见（上杭太拔镇院田村）

1

2

3

4

①戴花戴胸前，装饰在门面（建阳区书坊乡书坊村）

②光影映福门（宁化曹坊镇下曹村）

①入门就是福（古田杉洋镇古民居）

②出入平安（建瓯徐墩镇伍石古民居）

③人间福地，鬼妖难进（建瓯徐墩镇伍石古民居）

④铁门也能出风采（福州马尾区闽安镇）

1

2

3

4

①一扇门的精彩，展示当年主人显赫的身份（顺昌元坑镇）

②阳光下的门窗雕花（闽清宏琳厝）

> 改革开放亮点之一，每个城市都标准化，钢筋加水泥建造积木式的居住模式，不管你东南西北到哪个城市住宿，天亮睁开眼往外看，就知道还在中国的境内。

一幢大楼进住无数的家庭，方块隔离统一浇灌成型，四面墙体多打一个钉子都有难度，各种物品的摆设都是按照模式打造成型，每家按口袋银子多少确定物件品质高低。

建筑模式改变了中国人传统方式，面子工程无处可用，门面装饰大多考虑防小偷进出的功能设置，木门少，铁门多，就是装上木门，外面还有一层铁门，门中还装有“猫眼”，带广角的那种，从里往外看，不可从外往里看。防盗门上的锁是道高一尺，魔高一丈，厂家与小偷斗智斗勇，变换锁的功能，住户倒霉，复杂的功能将自己锁在里外不得进出的事常有发生。室内的享受，按需配制，各样家具、用具摆放井井有条，多余的物件不可影响室内整体美观。进门换鞋几乎成了规定动作，“香港脚”只能隔门止步，避免荼毒主人家。

改革开放的潮流，推动了挂历流行，每家每户按照自己的口味，挂上一两本，风景、花卉、动物、美女等，商家挖空心思找来各种类版本挂历，满足人们的需求，挂历成了当年全国人民吊挂的一道风景。随着城里装修审美的提高，以及城里人口味的变化，这道风景没风光几年，就已经日落西山。

大城市有钱人住平房，没钱人住高楼，买得起北京四合院那是真正“土豪金”。改革开放初期，能住上楼房是一种荣幸，到了后期，说平房接地气，是人居住的最高境界。乡村的古宅、老屋大多脚踩着大地，没离开过土地，可惜的是人气足，不在吵闹的城里，无法和四合院相比价。

到了乡下，古民居、老宅子、农家院，如同到了自己家，穿梭自如，进出自由，带个笑脸，点个头，说明来意，你尽管看，大多农户大门不锁，二门不关，不用脱鞋进门，屋内泥土味掺杂着各种混合气体，浓烈的乡土味，绝对环保，空气达标，比北京的四合院好，上见蓝天，下接地气，水与空气有钱没处买，东西摆放虽然杂乱，但方便就好。

吊挂着的农家物件，防家禽，防阴湿，取舍便利，琳琅满目，随处可见，看多了，串在一起，如同行为艺术。

①~③吊挂艺术

①~②吊挂艺术

1

2

3

①~③吊挂艺术

①~④吊挂艺术

①~②吊挂艺术

①～④吊挂艺术

1

2

①~②吊挂艺术

木器

人类最早使用的木器为棍棒，不过还是晚于石器，早先的木器应该还是用石器加工削减过的，但至少也是有几千年的历史。

千年流传的木器，我不敢肯定还会有多少种类存在，但起码人们不会如此依赖。小时候常用的洗衣木盆、洗脸木盆、洗脚木盆，在城里早已无影无踪，在乡村也不多见。能装上几百号人使用的大型木桶更是难有生存必要。生产队共用，族群共享，几百号人同时聚集生活在一起的场面成了历史。

前几年拍摄婺源画册，在一个地村的祠堂，看见很多“寿材”堆放在那，棺材不大，做工简单，没有那种前头高高翘起威武雄壮，更没厚重结实的板材，更像一个长方形的木箱，造型还能看得出是棺木，只够装下 1.7 米以下的人。一个祠堂摆放那么多的棺材，着实吃惊，问起当地的村民，才知道这里的风俗，村里人年长 18 岁就要备下这副“寿材”，难怪人丁兴旺，寿材堆满祠堂。常见高寿备下“寿材”，成人就准备 “寿材”，算是奇闻。

长年走街串巷，靠木器生存的手艺人也悄然退场。传统的刀、斧、锯、刨、凿已经换成了电器，木板成片，木棍少许，懂得组合，体力活变成加上脑力活，祖传的木匠师傅手艺早已面目全非。

如今用得起原木装修房屋的是“财主”，能用上红木家具的，是纯“土豪金”。摆上一屋上等红木家具，更是成功人士身份的象征。好的木材，超过了金银价，买不起，只好到处看看，闽江两岸原始森林几乎殆尽，老宅中的厅堂大柱留了个模样，乡间老屋寻觅些木器用品，虽然大多遗弃一角，生灰腐朽，也是可以饱个眼福，留个念想。

我并不真正喜欢这些老东西，过去的生活方式与今天毕竟不同，只是它伴随过我的童年时光，承载了一种悠久的生活方式，我眷恋其中蕴涵的文化意味。

1

2

①果印

②饼印

①衣盆

②木制浴盆

③地瓜收获季节，做成粉，大桶派上了用场

④粪桶，农村最常用的生产工具

⑤大木桶，闲置的时间大于用使用时间

⑥木桶虽然笨重，但蒸出的食材原汁原味

1

3

2

4

6

5

①大木桶

②木桶上清楚记录当年经历

③木盆高低大小不一，合适就是最好的

①童椅

②木凳，更能接着地气

③椅凳

④花轿，是风靡一时的中国婚俗文化重要道具之一

1

2

3

4

①镜妆
②族谱箱
③木质皮枕、木盆
④碗柜

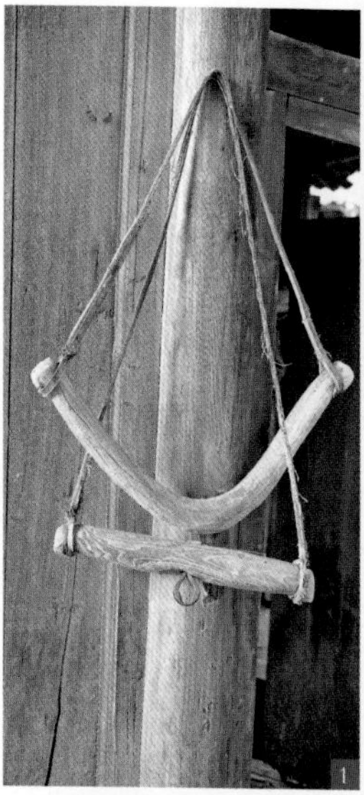

①牛耕地用的木套，将成为历史

②吹谷物的风车，大多成了摆设

③谷物藏储仓，在闽北山区至今还在沿用

④风车，吹出浮沉杂草，留下沉甸甸的稻谷

①石磨在木料中包围使用，石与木分工不同，合理利用

②打谷桶，适合田小、丘陵地带使用

③生死同福

①木板做的楼梯，与木屋浑然成一体

②木梯，两根树木能完成的生活用具

③屋前堆满木柴，冬暖夏凉，为过冬储备燃料

①有钱人家使用的鸟笼，用料做工考究

②水车，农耕器物重要代表之一

石器

农耕文化，石器算得上是最早人类掌握的劳动工具，能使用磨制石器为主的叫作『新石器时代』，从猿人开始至今有上万年的历史。

①石花盆，石块雕出的花架，耗时费工

石器，凝聚先民的心血和汗水，聪明与智慧。尽管“石器时代”已成为历史，传统的农耕时代渐行渐远，石器至今还在使用，城里人装饰门面，仿古怀旧随处可见，满目看去钢筋水泥的城市景观，有处古石点缀不失为亮眼之作。农村石器常见，铁器、塑料替代了笨拙的石器，许多石器随地堆放，不容易腐烂，与铁器、木制、竹器相比，虽旧如新，不失风采。

闽地石器使用，沿袭至今，随处可见，但大多成了摆设，不起眼的石器，被城里人相重，收购了装“风雅”。许多的酒店、茶楼、写字楼都堂而皇之地装饰门面，增加历史文化的厚重感，新开张的门面，一眼望去，像是百年老店，又是身份的象征。

乡里人知道自己的石器也是宝贝，也是这几年的事，“乱世藏金，盛世玩古”，鼠目寸光的人卖给城里人，有眼光的留了下来自己玩，老祖宗留下遗物不容易，每年喜庆时还能用上几回。如今城里人到乡下，看见石器制成各种美食，更是惊喜万分，如同看到 4D 电影，立体得很，表演的形式大于内容，大饱眼福比口福重要。

老东西不一定都是坏东西。

①~④石磨，大多闲置，成了摆设，成了文物收藏品

①~⑤石磨

①~③古井虽小，构造精美，建造久远

①石水缸

②石器

③石臼，节日时必用的道具

④双石臼

①~③无法搬动的石盆，坚固耐用

①石花架，与建筑融为一体的装饰构件

②遗弃的石器

①石墩
②马槽
③石狮
④水槽
⑤碾饼

竹器

竹器，能工巧匠所造之物，形态不一，用途各异，可不添任何杂物违其绿色之意，不损其自然之色。中国农耕文化的发展脉络，处处都有竹子的烙印，竹器演绎的踪迹。

①内胆石器，外框竹器，闽西村常见的生活用具

全世界有1000多种的竹，中国有600多种。

竹子，有其独有的特性，生长旺盛，有适合的气候和土壤环境，就会用生命换取成长，采集不尽，取之不绝，每年都如期地贡献自己的生命为人类服务，是大自然给人类最不用操心的植物种类。

竹子的存在，给人们的生活带来了无限的想象空间。自古以来，竹的身影始终伴随着人们的生活前行，不离不弃，从城市到乡村，上到阳春白雪，下到下里巴人无处不在。几百种竹在工匠的手中，如同魔术般变换着，各种奇妙的物品、食品，也被广泛应用与流传。

这里要表述并非消失的物种，而是随着社会的发展，生活的变化，竹器的演变过程，常见熟悉的器物逐渐消失殆尽，如：盖碗菜的竹罩，捞米煮稀饭的竹勺，洗锅用竹帚把等等，大多退出历史舞台，淡出人们视野。新的竹器紧跟时代的变化，扮演不同角色，轮番登场。如竹床垫、竹地板、竹椅、竹桌、竹家具按着人们新的审美需求，变换着不同的身姿隆重上演，进入千家万户，风靡一时。

眼前这些竹器，几乎用不上，触景生情，记录的是那段历史，怀念那时的经历，回想的是铭心刻骨的记忆。

竹器，随着历史起舞，伴随时空跳跃，如同人的生命轮回，匆匆的过客。

①竹箩筐，平时不用了，通风凉干是重要保存环节

②竹箩筐，挑稻谷的主要用具

③农村常见用竹子编织的竹箕，结实耐用

①~③竹篮，造型各异的竹篮，体现了农耕文化的精髓

④竹篮，留存不多的生活习俗。只有老人还在使用

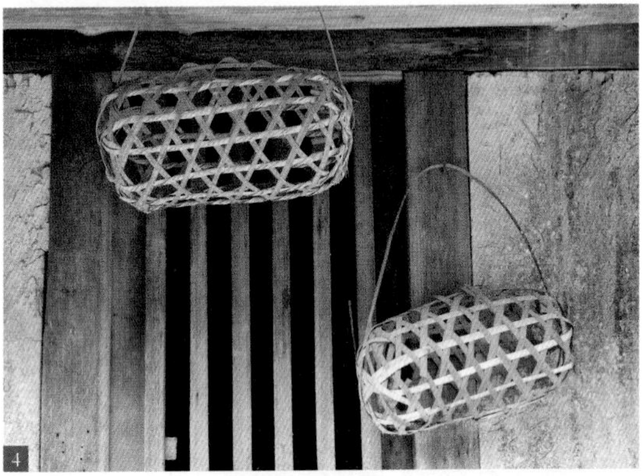

①鱼篓，抓鱼摸虾的用具

②~③茶篓

④~⑤鸡笼

①鸡笼、养小鸡罩、竹筐

②竹斗笠、竹罩，编织工艺复杂精美

③火笼罩，烤衣物的用具

④餐桌罩

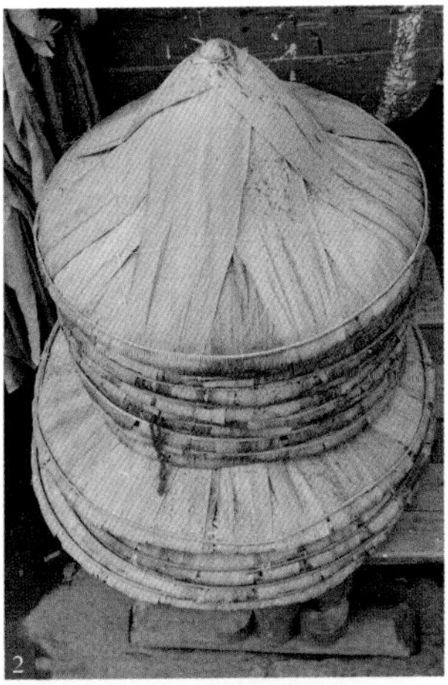

①竹筒，携带方便，最原始的喝水用具

②竹衣制作的斗笠，清凉实用

③竹器的利用无处不在，五花八门，随处可见

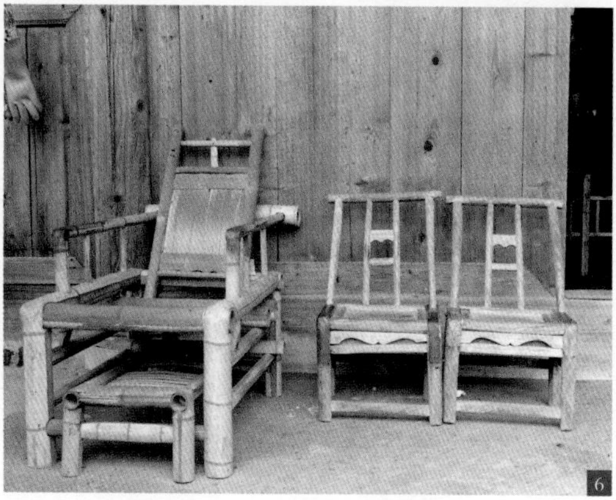

①晒谷垫，没有水泥地时代的产物

②竹制箱，也是风光一时的物件

③写过字的纸，不能随便丢弃，要放在此篓，以示对文化的敬畏

④书箱，乡村文化人的专用物品

⑤竹躺椅

⑥生活中，竹器充当重要的物件

①～④火笼，山区过冬的必备工具

①~④簸箕

陶器

陶与瓷是两种不同工艺物体，但都是农村最常用的物器。

从历史考古的时间算，陶在前瓷在后。陶的发明距今约6000年的历史。瓷由陶器发展而来，当人类发现了瓷土，又发现了玻璃质的釉，两者相结合，便有了瓷器的工艺。

手捧着陶与瓷两种不同的器物，早已不是几千前的模样。利用黏土作用，制成了无数供人类享用的器物，至今经久不衰，大有越演越烈之势。从民间日常生活用具，到工艺品，到艺术品而进入大雅之堂，陶与瓷的作用，已经深入人类生活的方方面面。虽然多种材质的器物相继发明问世，但人类与自然最亲密的泥土制品，始终不离不弃，伴随着人类的生活。

城里看见的大多是瓷器，吃饭的碗，喝茶的杯，摆设中的瓷器工艺品，经过千百年的改良而成。陶器在饭桌上基本看不见了，茶的盛行，茶上升到文化空间，给了陶很大的展示空间。粗糙、浑厚、朴实更适合文化的表现，众

1

①屋顶上晾晒的罐缸，在等待下一次的咸菜腌制

多艺人更是从中找到灵感。一组好的陶器，就不能用只是喝茶这么简单来衡量，何况喝茶、卖茶不是主体，与茶有关系，少不了侃大山，吹大牛，讲故事，不会说茶的故事，茶便少了很多的味道。常说，百分之九十卖故事，百分之十是茶叶的价值。

工业革命，到如今的科技的发展，陶瓷的变迁已经目不暇接，让人眼花缭乱，看多了，变快了，如同猫咬尾巴，转了一转又来到原点。行走在闽江的乡村，各种历史行程中的器物都能看见，石器、木器、竹器、铁器、塑料制品、形形色色的电器琳琅满目，延续千百年的陶瓷用品同样存在，充满了乡村的各个角落。现代科技淘汰了无数的祖传工艺宝物，存在的也就是不朽的，大浪淘沙千百年，留下的就是宝。

见证熟悉的器物，重温历史轨迹，寻访祖宗的智慧，陶与瓷的命运是否是最后的守望。

①厅堂院内都要摆放一口大缸

②水缸，夏季大碗喝水的重要器具

③雕刻精美的大水缸，常摆放在院中，储水养鱼，美化环境

①酒缸，农家酿酒必备工具

②大缸除装水之用，还有腌制咸菜的功能

③陶器无处不在

④农贸市场，陶罐占据大量的位置，有市场需求

①大型陶壶，满足夏季劳作饮水用

②烧香拜佛常用的道具

③空荡荡的老宅，主人常用的陶瓷，遗留一角

①手工的陶罐，简约、粗糙但实用

②造型不一的陶罐随处可见

③陶罐，农村盛酒的重要器皿

窗棂之美

窗棂，是中国传统建筑重要的构成要素之一，也是建筑审美的亮点，独具审美魅力的重要建筑物件。它以千姿百态的样式，体现着民族审美意象的独特内涵，透过空格看外面的景观，犹如镶嵌在墙上立体的画，内含万物俱寂我独秀之感。

①～③窗棂之美

在传统的房屋建筑中，千奇百怪的窗棂无处不在，寓意福寿吉祥等极富有装饰趣味的窗棂，寄托了人们美好的希望。窗棂文化是历史建筑文化的重要组成部分，在中国这样一个历史悠久的文明古国里，它也是房屋建筑审美的重要部分，窗棂无处不在，彰显着人们美好的精神寄托，浓缩了历史文化的精华。

但在现代都市里，新的建筑模式替代了古老建筑结构，高楼密集，千篇一律的槽钢隔层，越来越多高楼大厦堵塞

眼球，看多了，有点腻味，犯下城市建筑审美疲劳症。

近年来，建筑装饰流行怀旧，传统木雕、窗棂、格扇成为茶楼、酒店甚至民宅装修的重要元素，老祖宗留下的物件，总算还没彻底决裂，丢弃在乡村的雕刻艺术捡了些回来，点缀在大街小巷，城市的各个角落。见多了千篇一律的洋房，百年的老东西还真亮眼，让人还有个念想，碰到个不懂行的游客，还能拿得出手，值得炫耀一番。

人老了，容易怀念往事以及失去的物件。

①~③窗棂之美

1

2

3

①～⑤窗棂之美

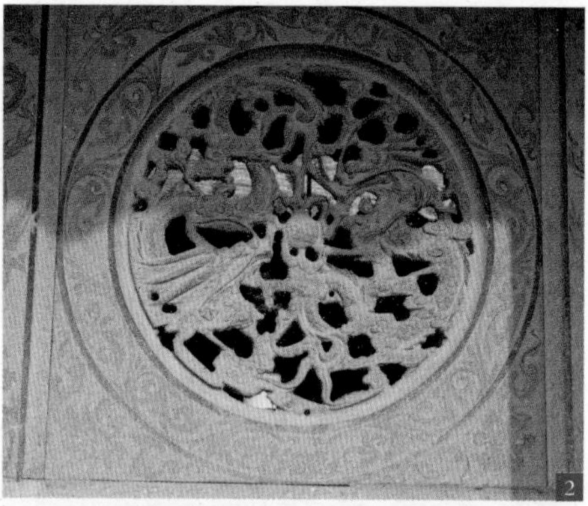

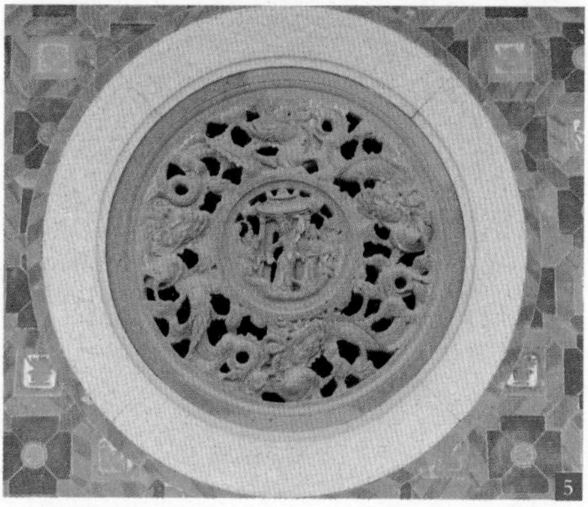

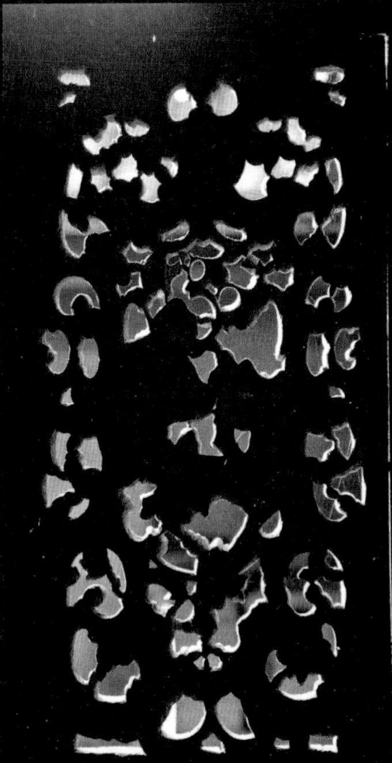

1

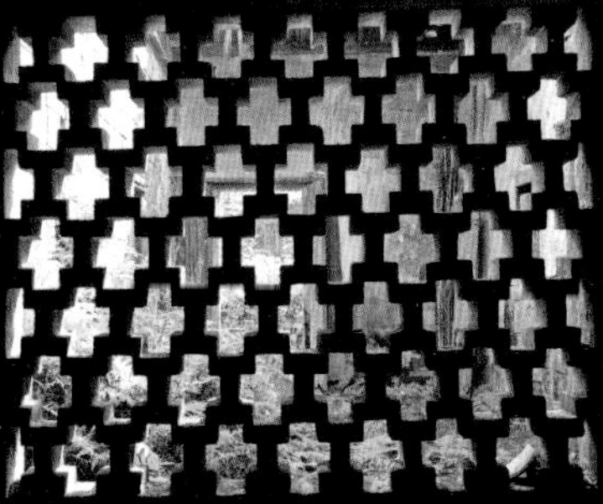

2

3

4

㊀~㊃ 窗棂之美

1

2

3

老街、老店、老铺子

在旧貌换新颜的城市改造运动中，多少都保留了一些还没来得及拆迁的老屋、老街、老铺子。

其实，每到一地，我最想看的是老街，一般会在城市最不起眼的犄角旮旯里，在新城的边缘地带，落差很大，与繁华的新城极不相称，可我喜欢。最想吃的就是百姓常去吃的那个“土菜馆”，虽然脏点，服务不如高档酒店周到，但大多数是当地味道。看看铁铺、木板铺、剃头铺，老旧的商铺还能找到农耕时期常用物品，早在大众眼里消失的物件还能碰上，久违的感觉，很亲切。

想起十几年前的春节，我到云南的一个边远山村采风，商店还有卖小时候吃的“水果糖”，就是用油纸包的那种，撕开油性的糖纸（是油性纸还是蜡纸至今没搞明白），一块椭圆形的糖块，乳白色，分两层，外层带粉状，入口很容易化，里面一层坚硬，要长时间含着慢慢消化，不急着咬碎，含上一两个小时没问题。还买了几块红糖就着啤酒吃，

①"文化大革命"时期的老街，店铺的各种招牌，记录了当年景象（永泰梧桐镇坂中街）

②镇小，衙门大（永泰嵩口镇老街）

③"文化大革命"时期的建筑，如今也算是文物（古田杉洋古镇）

糖配酒，有点乱，有趣得很，没吃完也舍不得丢弃，放在背包带回了家，一年后才发现，红糖因长时间存放已经变质，还赔上一个包。久远的年代，惊喜如初，甜入心里，难以言表。

老城最难改造，人口密集区，拆迁、安置众多问题难以解决。急于表功的痛下狠手，迎着困难上，明知山有虎，偏向虎山行，短短的时间，上百年的城市容颜换新，如同进了美容院走出的脸，光洁明亮。不敢上虎山的，只能暂时搁置，时间长了，保护传统文化的呼声高涨，老城的保留又有了新的说法，陈年老酒又摆到桌面。

全国城市保护老街的成功案例不少，重庆的"瓷器口"、成都"宽窄巷"、福州的"三坊七巷"等。

1

2

3

4

老街带来丰厚的经济利益，新的不都是好，旧的也不全是坏，城市的建设提出了新思维，快刀斩乱麻的城市改造，终于放慢了脚步，滞后发展的市县乡镇还能看见老城区的模样。老街、老人、老铺子仿佛与外界格格不入，守着时光，放慢脚步，维持着传统工艺与商品，给远行的游子、外来的观光客人留下寻根的去处。

脏、乱、差是老街的代名词 ，房旧、人多，传承下来的恶习难以改正，懒散的生活方式总是按部就班地前行。现代文明慢慢地也在侵入，“理发店”变成了“美容美发”，“照相馆”改成了“摄影艺术馆”，换个时尚店名，多几个字，与老店加以区别，身价不一样，价格自然水涨船高，换汤不换药的事大多老一辈的干不成，年轻人接了父辈的班，接受的是新潮思想，自然跟上时代的潮流。满街的老铺大多换了新名，旧门新招牌，不洋不土，不伦不类，与根深蒂固的老作坊相背而行。少部分的老铺子观念难以更新，土得连店名都没有，摆在铺上的货物一目了然，多一个字都是多余，生意不旺，但也能维持，不求发财，但求温饱，靠着不花租钱的老屋，守着祖宗传承下的生意，心满意足，给老街增添了无限的生动与绵延的韵味，惬意得很。

守着老铺子的买卖，传统工艺得以继续，老人自足的表情显露眼前，听着小收音机里唱的地方戏曲，嘴上咬着黄烟筒，一张躺椅横着占了大半个门面，小壶里泡上一杯“乌龙茶”，打个瞌睡也不怕有人偷走东西，喝着老酒看着店，无论买卖成与不成，都自由自在，仿佛这条老街卖的不是货物，是守着一个历史博物街。

乡镇不能与县市比，县市不能与省城比，省城不能与国际大都市比。比现代、比规模，永远处在下风，占不了便宜。比城市的特色、魅力就没有大小之分，我有别人没有，独一无二，就是世界第一。老祖宗留下的财产，至今个个都是耀眼的珍宝，留给这座城市将是无穷无尽的魅力。

时间换空间，点滴的生活，显示着历史的价值。岁月留痕，时光穿越，一个城市，不光要有实力，更要有魅力，真正的魅力就是这个城市的历史与文化。

“乡愁”，一个挥之不去的记忆。

①百年老店，过节还要排着长队（福州鼓楼区）

②店小二站台（建瓯老街）

③山区的湿气大，辣椒的生意可以维持一个摊商的收入（建阳区书坊乡书坊村）

④政治色彩填充着小店墙面（浦城忠信镇坑尾村）

1

①全民拍照时代，能维持照相馆的为数不多（武夷山老城区）

②现场拍摄，老照片翻修，不同的帽子、衣服提供挑选，用现代数字手段为老人拍照，立等可取，吸引了不少老人围观（连江壶江村）

2

①除这个椅子还算时尚，其他的物件基本保持原生态（清流赖坊乡）

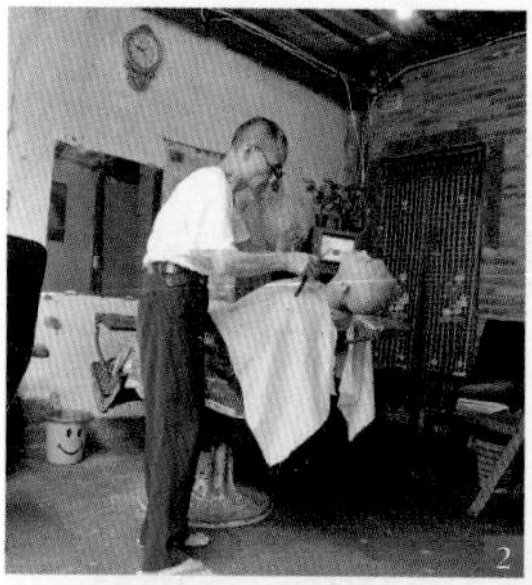

②改革开放前的剃头店，保存完好，大多老年人光顾（武夷山星村）

③老铺子，新招牌（武夷山老城区）

④剃头店有些冷清，坚守最后的阵地，师傅说起话来，还是信心满满（建阳区书坊乡书坊村）

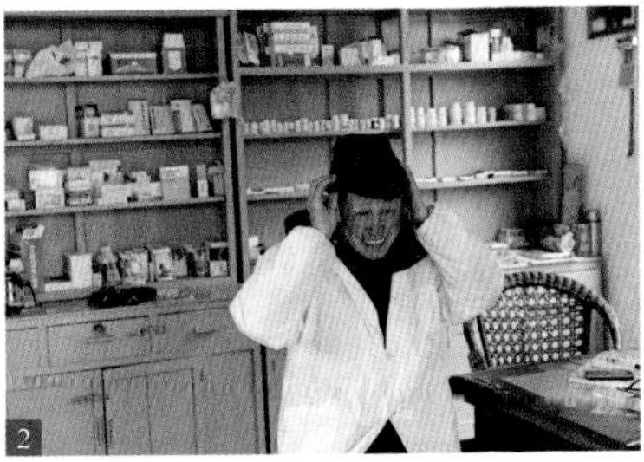

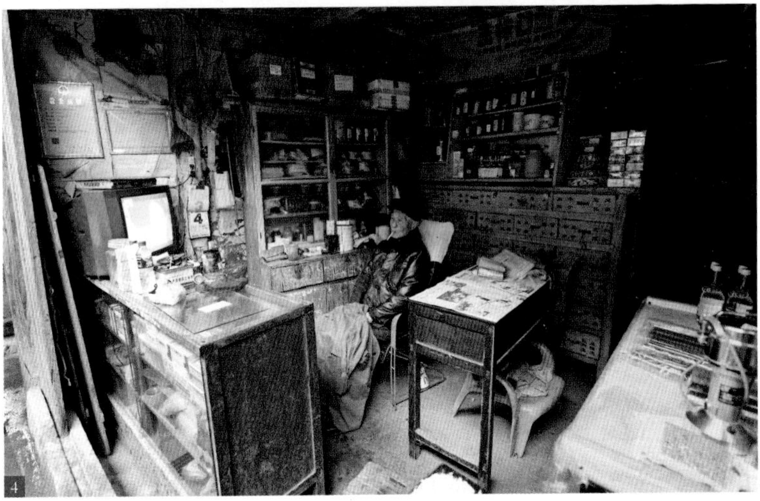

①乡村郎中店小招牌大（武夷山老城区）

②开西药店的郎中（延平区南山镇凤池村）

③和尚行医，真假难辨（建瓯老街）

④独一家，不愁开不了张（长汀馆前镇彭坊古村）

①竹器店，在县城的老街上，占有一席之地（建瓯老街）

②店里物品杂乱（建瓯老街）

①农家用具，样样齐全（武夷山老城区）

②铁皮制作的各种生活用具，占据市场的份额（武夷山老城区）

铁器、电器、塑料品

据资料记载，中国最早使用铁器要追溯到春秋战国时期。18世纪60年代人类开始了电气时代。1866年发明了塑料。每项发明的诞生，都推动了人类的进步和发展。

在我的记忆里，从20世纪50年代开始，手电筒、缝纫机、黑白电视、收音机就进入了我们生活当中。70年代反映家庭富足的标志四大件：自行车、手表、缝纫机、收音机，印象深刻。80年代录音机、彩色电视机、大哥大无线电话至今还记忆犹新。2000年电冰箱、微波炉、空调机进入寻常百姓家。如今，智能化的手机、相机、汽车等等。数字的出现，颠覆众多传统用具。

塑料制品也不甘落后，削尖脑袋挤进了人们的生活圈，让我们既依赖它又仇恨它，它给人类带来方便的同时，也带来了致命的塑料污染。

乡村紧跟时代脉搏起舞，各种铁器、电器、塑料品一项都没拉下，进入乡村相对滞后，吸收不及时但消失得也慢，改变习惯是个艰难痛苦的过程，新东西不好接受，老东西难以割舍，无意中给了我们一个记录影像的空间。

新老物件交接，取其精华，去其糟粕，交替前行。

① 离退出历史舞台不会遥远（邵武管密乡）

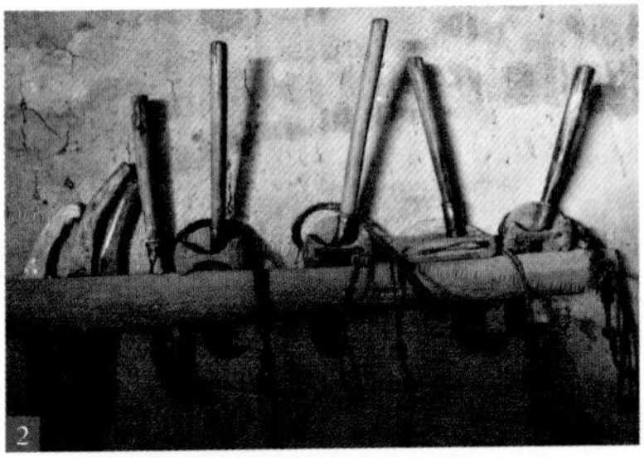

①撞钟，失去了原有的功能，排列在文物的行列之中（邵武金坑乡金坑村）

②刀具，是村民必备的，生活用具（浦城忠信镇坑尾村）

③农耕生活场景（武夷山吴屯乡红园村）

④房梁吊挂，是防止铁器生锈的最好办法（宁化安远镇岩前村家际村）

①铁制水壶更加结实耐用（沙县凤岗街道办水美村双元堡）

②替代木桶、竹椅，一个重要的演变节点（顺昌元坑镇）

③藏食物的木桶已经向铁桶转换，铁器渗透农家生活（浦城忠信镇上同村）

①电器，悄然入场（永安青水畲族乡）

②电器，解决了农村长期依赖柴、煤燃烧的习惯，是人类的一大进步（建阳区书坊乡书坊村）

③裁缝，量身裁衣，还在顽强中坚守（顺昌元坑镇）

④老人回想这台『无敌牌』缝纫机，有说不完的故事（邵武和平古镇）

①磨豆浆机，替代了推磨打浆的繁重工序（邵武和平古镇）

②酿酒，从浙江义乌花6000多元购进的酿酒机器，解决了村民『好一口』的风俗习惯，比农家酿酒工艺先进了一步（邵武卫闽镇谢坊村）

③替换老牛耕作的重要过程（邵武管密乡）

④脱谷机，替代水碓舂米技术，让大多石碾、石磙停工失业（邵武卫闽镇谢坊村）

⑤脱谷机，半机械化，省去不少脱谷力气（浦城富岭乡双同村）

⑥～⑦脱谷机，替代水碓舂米技术，让大多石碾、石磙停工失业（邵武桂林乡横坑村）

2

1

3

4

5

6

7

①制面机，完成从粉到面的繁琐过程，如今也是半歇业状态（邵武卫闽镇谢坊村）

②一个时期走到终结，新农村加快了更新换代的步伐（邵武和平古镇）

③大宅院，曾因拥有这部摩托车而荣耀过（邵武和平古镇）

①塑料制品，渗透千家万户（邵武和平古镇）

②灶台上的塑料物，色彩斑斓，点缀了长期烧柴屋内的灰暗（武夷山岚谷乡黎口村）

③塑料制作的打农药壶，轻便实用（清流赖坊乡）

屋檐下的雕刻艺术

常说：『建筑是凝固的音乐、立体的艺术、历史的缩影、文化的折射』。古民居重要的出彩部分，莫过雕刻。

1

一幢有价值的古宅看建造年代，建筑规模，占地面积，关键还在建造工艺。古人有“一代造屋，三代装修”的说法。还有“宁可门楼千万两，不愿盖屋三十间”。女方眷属会赴约相亲用“门头看门楼，里头看桌椅”来衡量男方的实力。评判一幢古宅的好坏，三雕（石雕、木雕、砖雕）工艺是重要的标尺。

散落在八闽大地的古民居、大宅第，大多因有精美的雕刻而惊艳世人，得已保存。闽北的砖雕，闽西、闽东的木雕，闽南的石雕、瓷雕、彩绘都有不俗的表现，花鸟、人物、戏曲、生活场景和吉祥纹饰等，工艺精湛，线条流畅，雕刻工整。青砖、青石、灰瓦、木材，有钱的财主愿意花重金高调薪聘请技高工匠，各方能工巧匠轮番登场，体现了福建古民居独特的建筑体系，对研究当时的政治、经济、文化具有深刻的意义。

“外行看热闹，内行门道”，我只能看个热闹。

①～②彩绘

彩绘

在福建的民居建筑中，彩绘无处不在，常见于屋顶、屋檐、门罩、门楼、牌坊及神位龛座等，远处深灰色的建筑群中，彩绘使得建筑更富有灵动性，艳丽的色彩在田野山水中，不显山不露水，表现出沉稳而异乎寻常的美感。

2

①~⑥彩绘

3

1

2

4

①~④彩绘

①~⑤彩绘

1

2

3

4

5

石雕

在福建民居的建筑材料中，石雕工艺被广泛采用，由于石雕坚固耐磨，经得起风吹雨打，留存至今。闽南古民居石雕，以惠安石雕为代表，具有强烈的民族性，风格独特，工艺技术水平登峰造极。闽西北民居石雕，则以石狮、石柱、石鼓、柱础为主，在有限石材使用中自然铆足了劲加以修饰、美化，足以让它闪烁着历史的光芒。

①~⑤精美石雕

1

4

5

7

6

8

①~⑧ 精美石雕

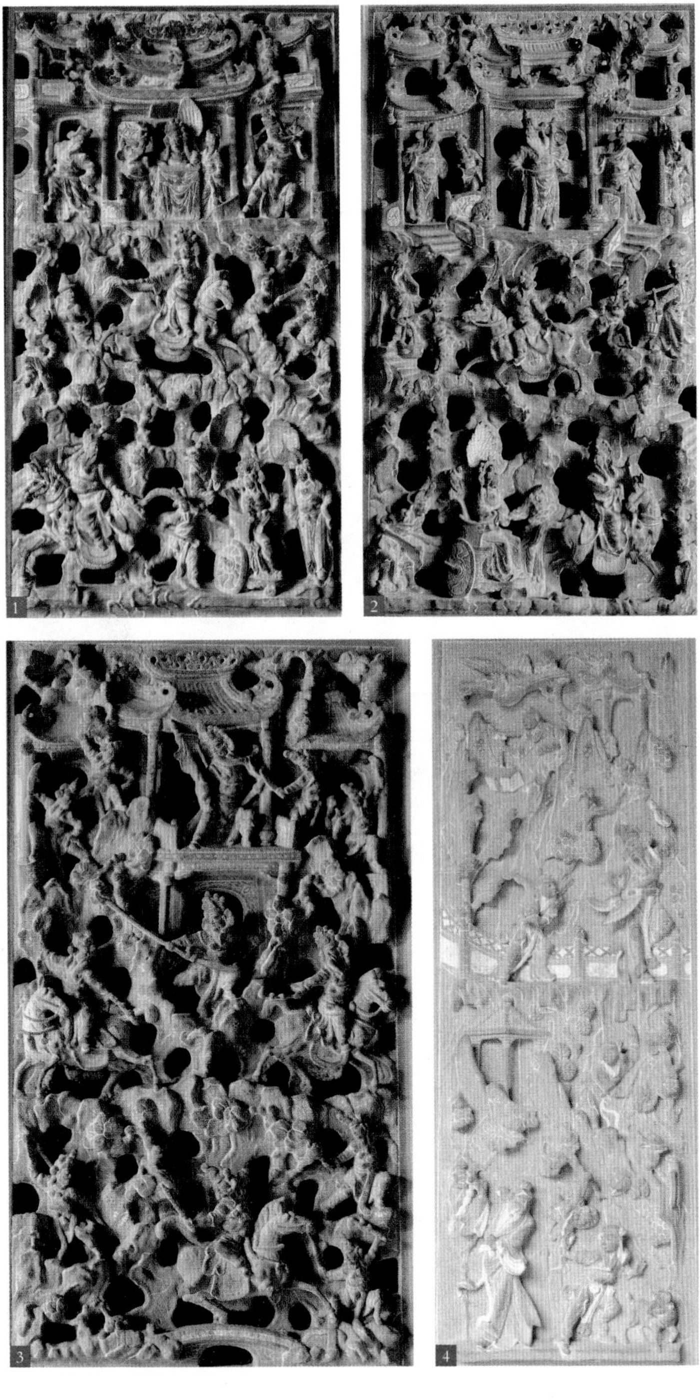

①~④ 精美石雕

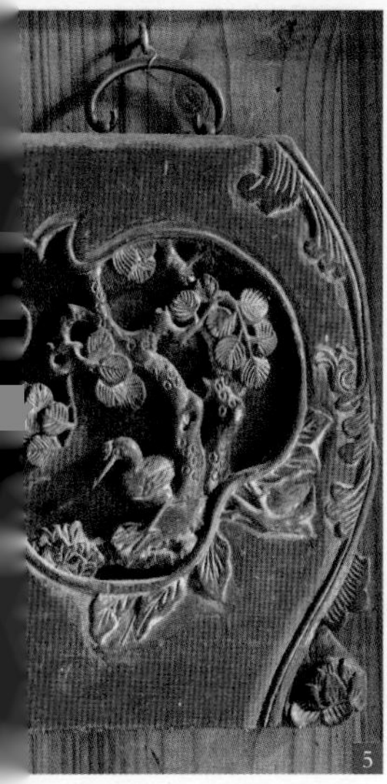

木雕

福建木雕，以福州的圆雕为代表，与广东的潮州和浙江的东阳、乐清，并称明清时期四大木雕流派。在民居建筑中，受其各大流派影响较深，相互都有交融。本土的木雕以永春的木雕为代表，谈不上精致，称不上流派，但也丰富多彩，在福建的本土木雕中有较大的影响。八闽大地的民居木雕，如汇集在一起，可称中国南方木雕工艺展示中心，对传承祖先的木雕技术和工匠精神，留下了宝贵的财富。

①~⑥精美木雕

①~④精美木雕

①～④ 精美木雕

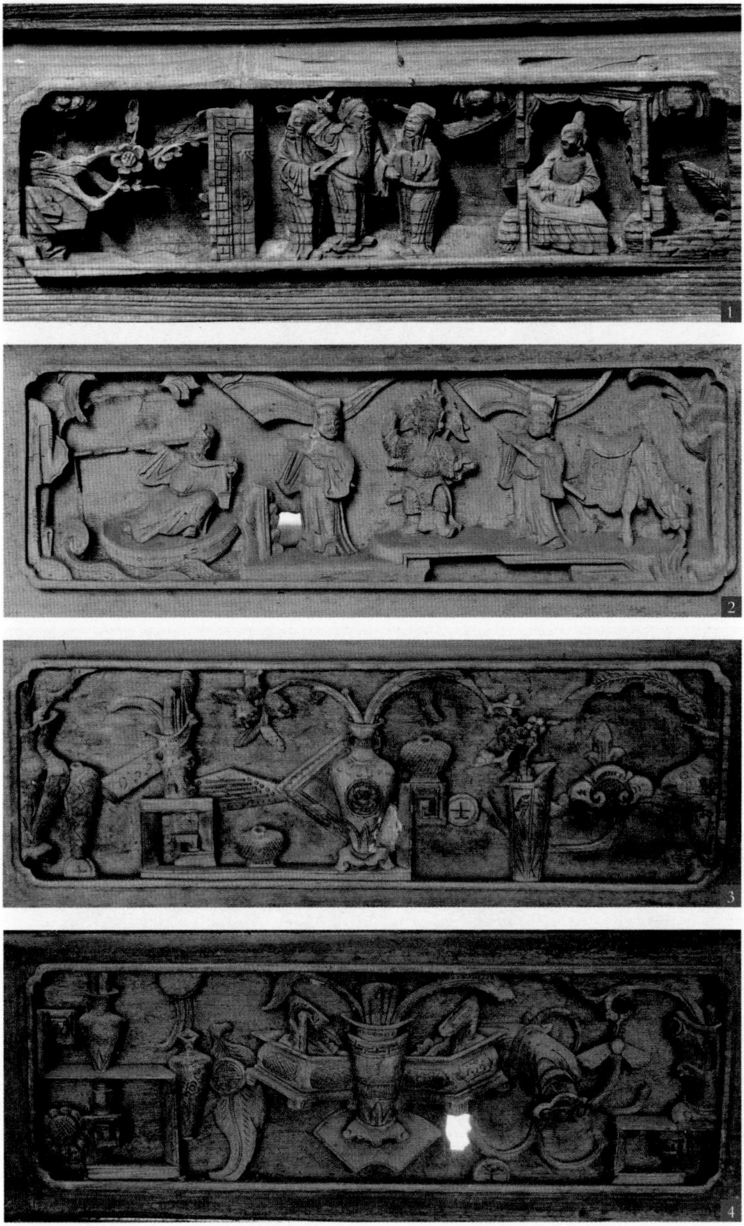

①~④精美木雕

①~⑤精美木雕

1

2

3

4

①~④精美木雕

①~⑥精美木雕

砖雕

主要用于装饰塔寺、墓室、房屋等建筑物的构件墙面。福建古民居的砖雕艺术，在闽西北一带较为盛行，仅武夷山的城村、下梅村、五夫村，连城的培田村、芷溪村等地砖雕都有不俗的表现。手工的砖雕流传几百年的历史，在漫长的岁月里，已经定格在八闽大地风风雨雨的古建筑中，供后人瞻仰。

1

2

3

4

①~④精美砖雕

①~②精美砖雕

①~③精美砖雕

1

2

3

1

2

3

4

5

6

7

8

①~⑧精美砖雕

灯的变迁

看见久违的煤油灯，
又勾起了往事回味。

①~④各种灯

20 世纪 70 年代初期，是中国知识青年上山下乡高潮，接受贫下中农再教育，广阔的农村大有作为，成了当年青年最豪迈的口号。热潮推动城里初高中毕业的青年毫无选择地投入到农村，那个广阔天地去。

从有电灯的城市到大多只有煤油灯的乡村，白天靠地球的亮光平均分配，夜晚靠人类创造光明，分配大有不同。农村夜晚比城里暗淡许多，墙面多为泥土，少有白灰粉刷，加上卫生差异，湿热中，蚊子大行其道。我下放的那个村，住所前后一步都有一个猪圈，蚊子多得顺手抓几把都能炒出一盘菜。漫长的夜晚，昏暗的灯光，有时早早就躲进蚊帐里，避开蚊子的侵扰，同室的男丁隔着白纱蚊帐谈天说地。那个年代是生活最慢的时光。每天数着星星熬日子，算天数，两年到了，如何尽快脱离苦海，离开这鬼地方。没有远大的理想，满脑农民意识，鼠目寸光只想眼前。没油水的饭菜经常让人肚子饿，只想到哪里弄些好吃的，弄些猪油拌饭吃，嘴上油光闪亮，是最奢侈的美食了。那时的肥肉比瘦肉贵，有油吃才能有力气，脸色红润光滑，两眼放光，一个月也吃不上几回，至今想想都会哈喇子直流。

回到家最喜欢吃的就是面糊放点糖煎成饼吃。一天工钱 10 个工分才能有 6 角钱，知青不能少 6 个工分，一天的满工可以拿到 3 角 5 分钱，还有村民不服气的，说凭啥城里来的就拿这么多的钱，队长说了，上面有政策，知青的工分不能少这个基数。老百姓最听党的话，从此没人敢吭声，我们享受着高工资的待遇，努力地接受贫下中农再教育，混到离开的时候也就拿到 7 个工分 4 角 2 分钱。

在农村，每年分配的稻谷还是够吃饱肚子，想吃点零食有点奢望，常想着乡下的笑话，到城里吃包子烫到背，没牙的老太吃糍粑，一口咬下，拖出了一条长线，白费力。暗淡的夜晚，灯光忽明忽暗，更谈不上夜生活，大多数人在劳累中度过。

20 世纪六七十年代，煤油灯多为玻璃罩，中间大，两头小，像当今的啤酒肚，火的高低明亮可以调节。火大容易烧黑，经常要清洗，还浪费油，计划经济时期煤油是要凭票供应，主家的妇女往往要将灯火调到最低，吃饭时，将灯调亮，偌大的八仙桌，没了照明，担心吃到鼻子里，小孩晚上自习，灯的亮度超过平常，多余的亮光，还不忘围在灯边补衣纳鞋，光用到了极致。

人类最先发明的火光是用石头相互摩擦产生的，火堆是最初的夜晚光

1

2

3

①神明用光有限，一盏煤油灯的光亮就够用（清流赖坊乡）

②烛光，更能体现敬神的氛围（武夷山星村）

③敬灶王爷，煤油灯发挥着重要的作用（连城四堡乡务阁村、中南村）

源，后来又在树枝上蘸上动物油，火把可以照明用，燃烧更好。往后推移，公元前 2600 年左右，人们又发现了残存的动物脂肪可以燃烧，利用可凹陷的石头或贝壳，放上一条灯芯和动物油，就可以点燃，便有了灯的概念，也算得上是最原始的油灯了。在这期间，油灯经历无数次的改进，从动物油到植物油，最后又被煤油取代，灯芯也经历了草线、棉线、多股棉线的演变过程。为了防风吹，人们又给灯安上了罩，早期的纸糊（灯笼的形状），后改成玻璃罩，灯也变得更加明亮。

公元 3 世纪左右出现了蜡烛，18 世纪出现了石蜡制作的蜡烛，100 多年前英国人发明了煤气灯，19 世纪末，爱迪生发明了电灯，正式进入了电照明的时代。我想努力寻找当前的灯的种类，走近灯饰市场，琳琅满目，千奇百怪的灯品种让我眼花缭乱，数不胜数。灯的作用影响着人们的全部生活。

传统的照明离我们忽远忽近，火堆、豆灯、油灯、蜡烛的运用，始终没有离开过我们，在中国传统生日宴会，婚礼上点红烛，以示喜庆。丧事点白烛。大多宗教场所也与时俱进，灯泡外面装上红色的玻璃罩，当长明灯使。

灯，点燃熄灭，熄灭点燃，无须别人永记，更无须不朽。

1

⊖蜡烛，是祭神的常见道具（尤溪西滨镇）

①~⑤红军时期的标语

墙壁语录

中国人的房屋墙面，不只是住宅的构件，也是受教育的场所。

历朝历代墙面都得到充分的利用，最醒目墙体，“人流多的墙面”，往往是最好的宣传载体。过去的媒体没有今日的盛行普及，墙面留下了时代的烙印。

记忆里，“文化大革命”时期，墙面语录发挥到了极致，红、黑、白各色字体标语铺天盖地，石灰加胶水，经久耐用，加上色粉，更是显眼夺目。大字报、小字报张贴吊挂如同家中办丧事一样的热闹。能写美术字的人才倍受欢迎，能在墙上作画的，更是当宝受人尊敬，地位不高，角色重要，众多的美术大师多数为“牛鬼蛇神”，作画、写字不值分文，有机会展示作品，也算机会难得，

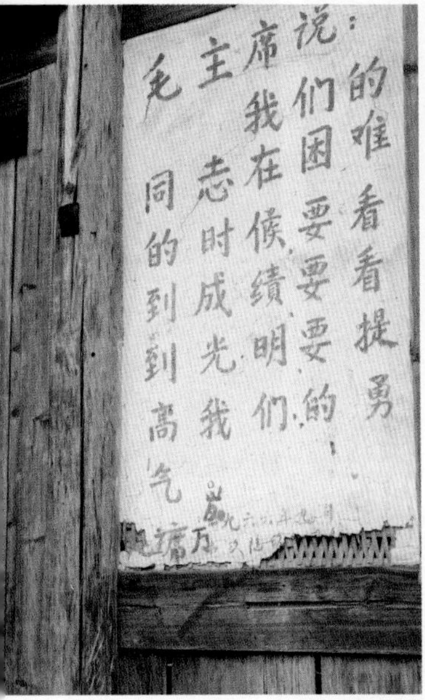

4

5

个个小心翼翼，生怕出差错，犯下政治大错。

各乡村秀才也没闲着，纷纷粉墨登场，展示才艺，虽比不上城里的大师，但在乡村的犄角旮旯，也留下他们的印记。时代变化莫测，墙面随着改革开放的摧毁，大多墙面遗迹消失，如能保存到今天，价值不菲。

墙头语录，从土地改革、抗日战争、解放战争、“文化大革命”时期、改革开放都留下了大小不同、色彩各异的墙头标记，让人们的记忆又回到过去。

从农村到城市，每次运动的开展，强大的宣传声势在前，笔墨的张贴，远不如墙面功效大，找一把扫帚，一桶石灰，横扫墙体，挥洒自如，经久耐用，延续久远。

①~⑦红军时期的标语

高举毛泽东思想伟大红旗奋勇前進！
人民公社万岁
总路线万岁
跨上千里马永远向前跑
gú zǔ gan jìn
鼓足干劲
反右傾鼓干劲继续跃进

①~⑤『大跃进』时期的标语

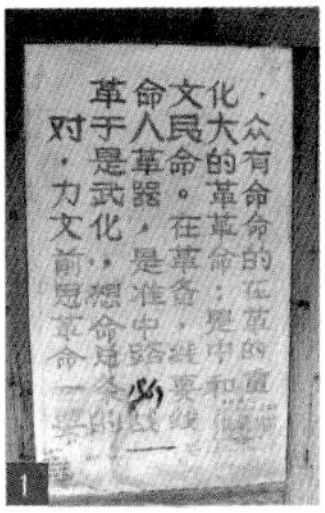

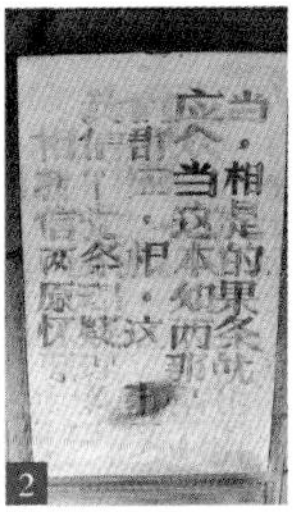

①~⑥「文化大革命」时期的标语

1

2

3

4

5

①~⑤「文化大革命」时期的标语

㈠～㈦改革开放时期的标语

1

2

3

4

5

6

7

手艺人

过去老人常说：『人要有门手艺，才有活着的资本，多门手艺，多条活路』。

2009年到广东潮州拍摄木雕，见过一个大宗祠，梁上斗拱两边木雕工艺精妙绝伦，美轮美奂，但工艺图案各有不同，问其原因得知，过去的师傅靠手艺吃饭，做的是点工，时间由师傅自己掌握，按时算工付费。宗祠当家人有钱就任性，请来两拨手艺高强的工匠，各做一边，相互不见面，做厅堂两边大梁上的斗拱，按手艺的水平高低付工钱给赏钱。主人玩的是心术，采用激将法提高祠堂的品质。工匠凭的是技术，使出浑身解数，拿出看家本领，“薯王争霸”一比高低。高手过招，自然各不相让，手艺人得到的工钱赏钱，留下美名，获取更大的利益，提高了招牌的含金量，也给世人留下一段穿越古今的美谈。

老祖宗留下的手艺随着年代久远不断地失传、遗忘，能够留下的手工艺都是经过大浪淘沙，一遍遍地过滤、筛选，浓缩的都是精华，会闪光的金子。几百年传承至今的手工艺，反映了人类的伟大思想，是人类智慧的结晶，是人们对事物创造的真实流露，也是最朴实、纯净的艺术，是现代文明无法取代的宝贵财富。

传统手工艺是师傅带徒弟，手把手地传承技艺，它的核心就是将一种赖以生存为目的的技艺一代代传承。而现代文明的教育是侧重创新探索、研究，是在否定上再肯定，寻找变化、创新，两者背道而驰。手工艺面临的困境是缺乏创新，不能跟上时代的发展需求，现代的创新又脱离民族性，根基不牢固。利用民族传统的文化发展，人们在现代文明创新中寻找文化根基，让传统的手工艺延续，是历史文化长线中的重要节点。

传统手工艺的文化价值是独一无二，是中国原型、本土、文化根源。如今科技的进步改变着我们的生活原型，城市的变化影响了我们的生活结构，身边曾经应有的事慢慢消失，人类的手工艺适应不了社会的发展，淘汰在所难免。

手工艺支撑着手工业，手工业支撑轻工业，轻工业支撑重工业，重工业支撑高科技，是一条割不断的链条。世界发达国家的日本、德国至今保留许多手工作坊，大力倡导工匠精神，使得产品质量让世人称赞。弹丸小国，成为世界强国，工匠精神功不可没。

①做薯粉，闽北普遍流行的手艺（建宁上坪村）

②身背沉重的弹棉工具，每天最多只能完成一床被子的效率（浦城富岭村，章光明17岁开始学，今年57岁）

③吹糖，盛行一时的民间技法（浦城）

④游荡在城市中的传统手艺『爆米花』（福州）

纵观世界，人类在满足温饱的今天，更向往原生态、纯自然的精神产品。如同城市中的汽车，从时尚、气派、方便到带来麻烦，如拥堵、停车难、空气污染影响人的健康等等，又开始选择了走路、骑自行车等生活方式，场景又回到初期。

手工艺处在原点，在等待终点，影像存档，为恢复起点做准备。

1

㊀顺昌县街头灌蛋，有个美丽的传说，凭借独门技艺，赢得众人口碑，深受当地人喜爱

①福州线面，凌晨3点开始劳作，太阳初升晒出晾干，午后收起结束，过程艰辛不易（福州寿山乡江南竹村）

①从手工作坊过渡到半机械的制面工序，省去大量的人力（武夷山星村）

②粉干，由米加工制成的一种食品，可长期存放，深受人们喜爱。由于制作程序复杂，劳作强度大，凌晨早起，日落收获，原传统手工制作渐渐淡出人们视野（永泰梧桐镇）

①~②本分做人，笑脸迎客（建瓯老街）

③改革开放前，挑着货郎担走街串巷卖麦芽糖的人随处可见，如今乡村偶尔碰见骑着摩托车卖糖的，内容没变，形式变了（武夷山城村）

④流动在城里卖麦芽糖的货郎，敲打声唤醒城市人的记忆（福州鼓楼区）

⑤麦芽糖，童年的记忆（武夷山城村）

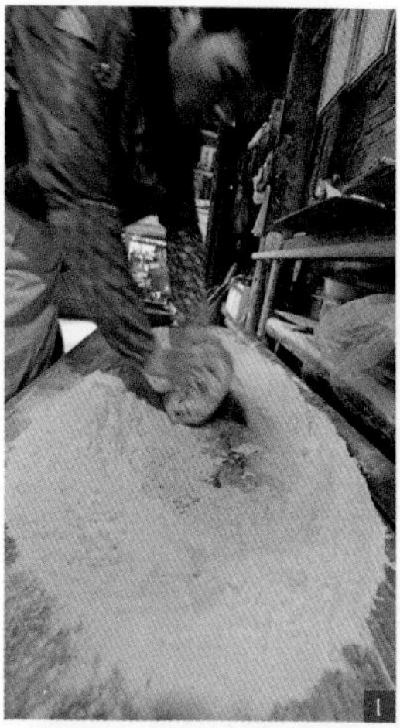

①~③『手工面』名声在外，河边木材搭建的面店，简易实用，别有一番景致，走过路过的客人都会停留下来品尝。手工面，重在手工，每道工序都要心到手到，久而久之，形成了具有鲜明地方特色的美食小吃（福鼎镇西镇桥头）

④修补山里的老屋，木匠是不可缺少的（建宁上坪村）

⑤传统的竹编斗笠，轻便、凉爽（永泰嵩口镇）

①传统的木工具，面临消失的境地（尤溪台溪乡书京村）

②刀刀见功夫（尤溪台溪乡书京村）

③农村常见木器生活用具，一人就可以完成全部的生产流程（尤溪台溪乡书京村）

④全套工具都在一个小木箱内装着（尤溪台溪乡书京村）

⑤～⑦蓑衣披在身上是衣服，放在地上是床，20世纪70年代中国农村，家家可见。如今蓑衣渐渐退出人们的视野（浦城）

①~④竹子，大山赠予的天然原材料，取之不尽，用之不绝。如今农村里，家用簸箕、箩筐等竹制品依然不可缺少（永泰嵩口镇）

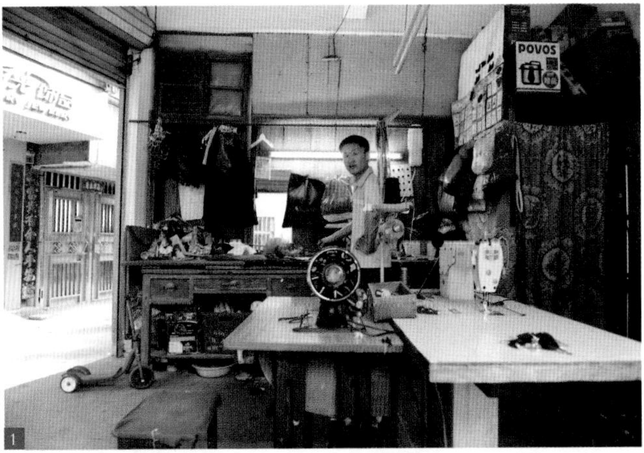

①新老缝纫机在接轨时期，有相互辅助功能（浦城）

②民间炭画家，严文林（浦城）

③与神沟通的纸劄。李琪非常自豪，民俗文化的传承，电脑技术不如他（福州）

①秤，公平的标杆，在电子化的今天，工艺大于实际用途（浦城）

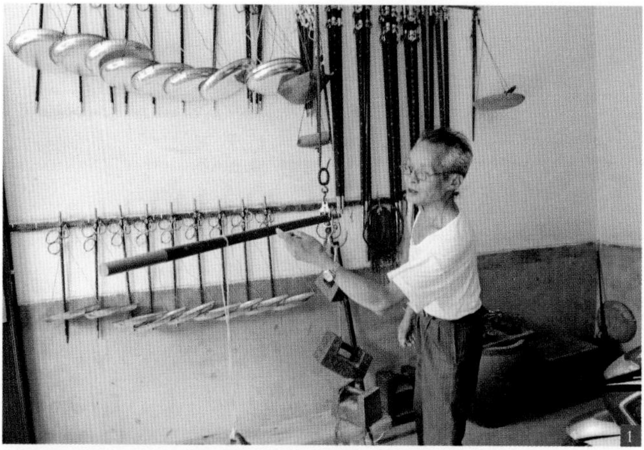

②铁皮店，一个坚守传统工艺的最后场景（浦城）

③闪光的人生（浦城）

手的力量

我的同行朋友，儿时不慎掉入火盆，烧成双手五指全无，只剩下掌部，可还是玩起了摄影这个行当，而且成绩卓著。每当我看到他拿起相机拍照时，都会捏一把汗（还是机械相机那种），一招一式，完全不是按照我脑海中的操作程序行走。鸡血石的印章，一枚都要几万的价值，照样在两拳之中翻转自如，旁人都捏着一把汗，他却若无其事。我也试着五指紧握成拳头摆弄相机，几经反复，身出虚汗，不得要领。没手指还能玩转相机那真是高手，有手指都玩不好相机只能算是低能了。

①变形的五指，坚切有力

名叫“无指”的朋友时常与我探讨用摄影表现的选题，记得当时他想拍摄一组反映残疾人生活的题材，取名标题是“绝活”，时间久远，不知进展如何，但手的故事深藏脑海，时常浮现。

第一次“闽江”行走，车停路边拍摄，90 多岁的老人拄着拐杖过来闲聊，谈笑风生，手舞足蹈 ，他说的是方言，我听不懂，只能从他的表情来分析要表达的意思。握手告别时，那双又黑又长，满是皱纹，骨节突出，青筋暴露，皮肤古铜色的大手，如同蟹钳一样有力，震撼，着实让我吓了一跳，老人一生的故事，都在手上。

一路走来，握过无数的手，饱经风霜、风雨侵蚀，历经人间疾苦，尝尽人生冷暖的手，大多只是一双普通的手。这双手不曾干过什么惊天动地的大事，也不曾创造过什么了不起的奇迹，但这双手整天忙碌不停，跟着大脑的指令，完成人类前行的目标，演绎着人类一桩桩的传奇故事。

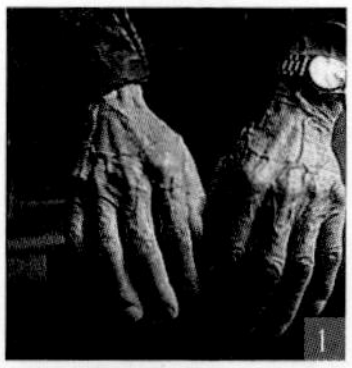
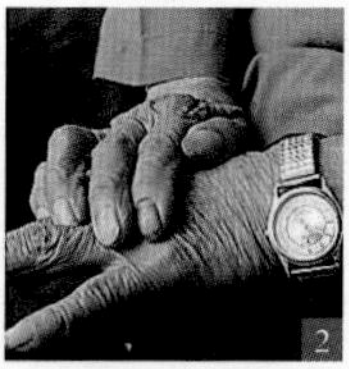

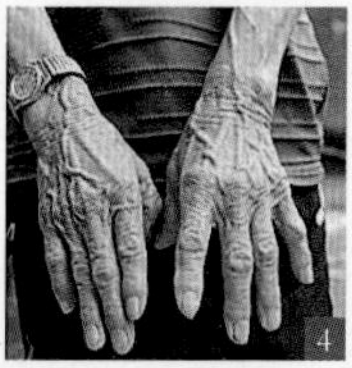

①~④老手，时间见证手的变迁

⑤伸手见五指

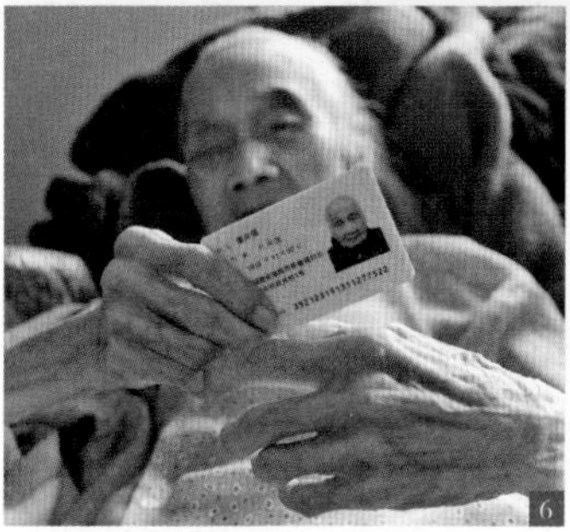

⑥两手十指，为一生忙碌（百岁老人潘兴弟）

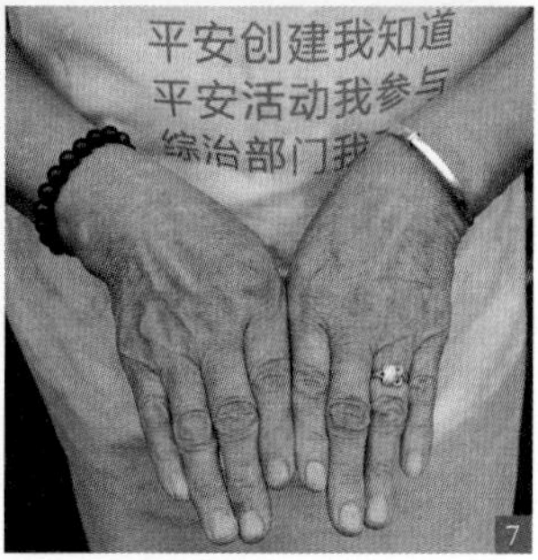

⑦双手创造平安社会

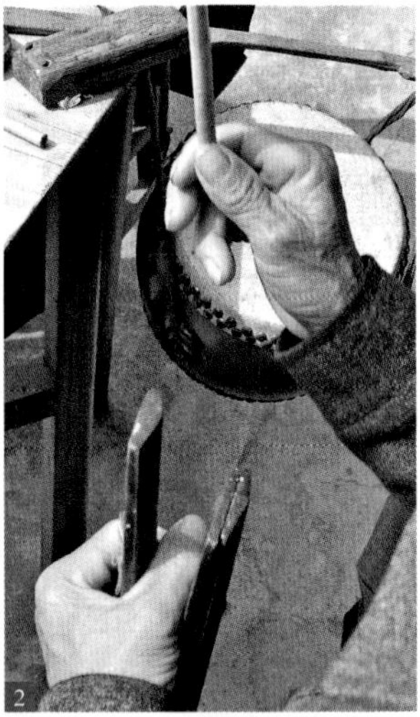

①拨动音乐的手指

②两手配合，有板有眼

③敲打节奏如同时钟一样准确

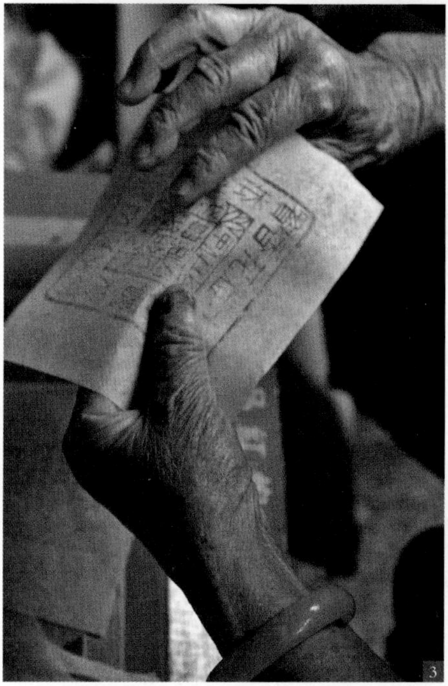

①敬神供品，持物件手势规范

②信佛手，念佛经

③神明供品，慢揉细折

④念佛经的标准手势

①手与纸牌，正反两面不同

②沙县，一个吃出来的城市，扁肉拌面为首

③戴上银饰手链，给手的最大犒赏

④为了身能遮风避雨

⑤手工纳鞋底的手艺，只是老年人的专利，面临失传的危机

⑥竹由粗变细，手从细变粗，传承千百年的手工艺

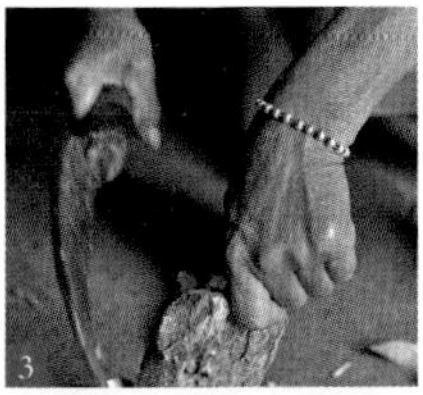

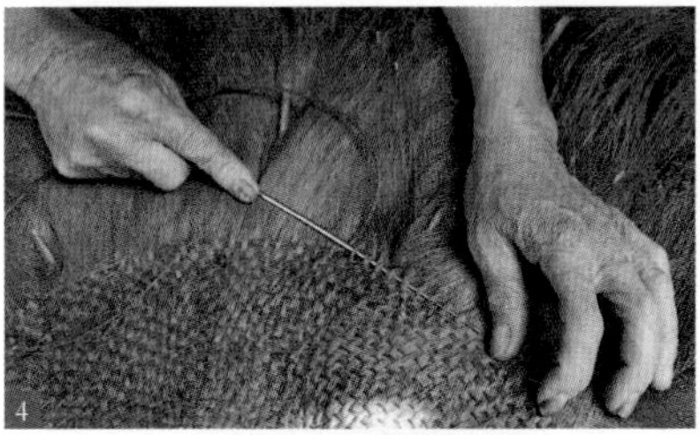

一旦供奉这方神明，就成了这方人的精神寄托，但凡有重大决策，遇事左右不定，喜事，丧事，都将依托神来指点迷津，心里也就有了底气。我常想，信佛的人是心地最善良的，每次的敬拜求事过后，灵验了是神的功劳，皆大欢喜，如期还愿不算，口头免费广告，更是逢人必赞，见神必敬。求神不灵，都从自身查找问题，上追前世罪孽深重，下查敬神不到位。错一定是自己，对永远是神明。这种神奇的功效发挥在高智商的人类身上，真是很神奇。

沿海一带最好的建筑，一定是神庙。集全村的力量，建造的庙大多金碧辉煌。远处瞭望，看见最耀眼的房屋就是神仙居住地。大多乡村，富有的是神府，人间村委会比不上神间的管委会。为神可斥巨资，掷重金心甘情愿，毫不犹豫，付出得越多，回报会越丰厚，财源滚滚是神的恩赐，保佑来年万事如意定是神的功劳，财少的更是争先恐后地供献，生怕给晚了给少了神仙不高兴，心要诚，不得有丝毫的言行不妥之处。给神灵花了银子更是人的最大满足。神仙后面的掌控人，自然赚的盘满钵满，乐得数钱数得手脱皮。可怜的村委会想摊派几十块或上百元公共费用，会招来无数的村民抵制，道理说上一大通，无人理会，精神不爽，气不通，远不如神明的号召力。

神的祭祀纪念日，更是热闹非凡，唱大戏三天三夜，搅动得村里欢天喜地，个个如同打了鸡血，红光满面，天上人间，人神共欢。台上唱千百流传戏曲，台下涌动老少戏迷，看得摇头摆尾，出神入化。年轻人大多出力，沿袭先人足迹，代代相传，留下的都是经典。

闽西北一带，比不上沿海一带的大手笔，逢年过节也是大操大办。各处的地方小戏也不闲着，经常看见木偶戏演出，台下一两个老人小孩，台上锣鼓喧天，唱腔对着麦克风，十里之外都能听清，走近打听，没人看还

在乡村神无处不在，村中的寺庙，路边的小庙，家中的神龛，大大小小是抬头不见，低头见，各路神仙，各显神威。

在唱为哪般，原来今天是菩萨过日子，唱戏给神听。想必过去也是人潮涌动，热闹非凡的场面，如今的电视早就替代传统的一招一式，想看戏的天天都能看见古今中外各路把戏，自然失去观众。没了观众，台上的演出也不见有丝毫怠慢之意，人不看，神在听，得罪了神比得罪人更难办。

十几年前，有人劝我皈依佛门，说我有佛缘，一时高兴，不知所措，信与不信，一念之差。归佛门，规矩繁多，烧香跪拜，口念佛经，样样不能变样，生怕出错。但更多是现实的残酷，竞争激烈，今天工作不努力，明天努力找工作。住房，看病，上有老，下有小，个个嗷嗷待哺，一人信佛，全家饿肚子，经文要求与励志的口号相对立，没了斗志，两脚发软，两眼摸黑，精神恍惚，最终将落得别人住新房，你住旧房，别人进高档酒店，开豪华车辆，你将终生与民工为伍，挤在路边小店，吃地沟油还说自己的身体好，抵抗力强，不要说天灾人祸能抵挡得住，生一场病，进了医院听医生的话，命在别人手中，说多少钱就多少，丝毫不敢讨价还价，进得了医院的大门，入不起医院的小门。心中浮躁，与佛标准相距甚远，思考再三，最终决定还是先不入神门，留在凡间更现实。

神门高深，法力无边。虽然门没进，总想沾点神明的光，日久天长，没见佛心有转，对神疑问增多，佛祖神仙，还是人在控制，佛不吃不喝，住房高大上档次，都是由信徒供养，神背后的人更是不愁吃穿，就是《西游记》的唐僧西天取经还要悟空化点斋饭来食，众多佛语用来规范弟子，因果关系的创立，没有想不通的问题，天大的事都可以化解。色即是空，空即是色，更是平衡心灵的一副良药，人的困惑能得到神的化解，自然皆大欢喜，佛法无边。佛不吃饭，人要吃饭，靠佛经是解决不了实际问题。信徒的银子、香火供养着寺庙的人和神，无形的神和寺庙的人都享受着优等待遇。

信仰就是一种意识，是人想摆脱困苦和困惑，获得了精神宁静与平衡，是一种精神寄托，在无助时给你力量，茫然时指点迷津，失败时让你坚强。

百思不得其解，我就弄不明白，有钱没钱的人都信，就我不信，不敢大声说，心里在想，如果有人供我吃喝，我还会干什么。

①到此地算命，离阴间不会太远（闽清省璜镇）

②前程有险，钱可消灾（福州）

③外来洋教堂，占有一席之地（福州）

④门楼整面石雕装饰，无空隙之地，二神大门把守，妖魔鬼怪难以入门（大田福兴堂）

1

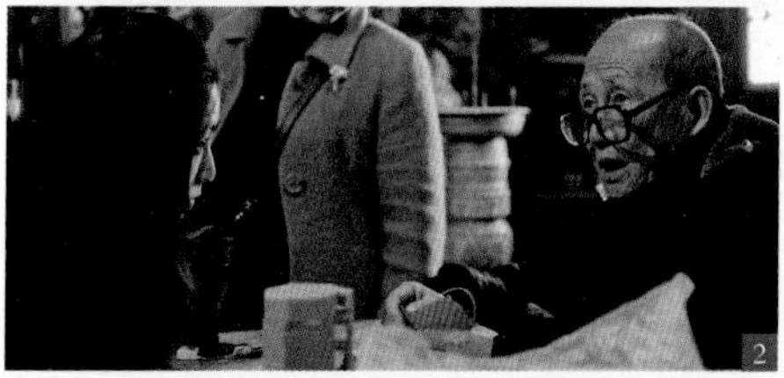
2

3

4

①在福建，有百年以上的榕树都是『神树』，以榕树为主题的庙宇、供台随处可见，大小祭祀活动五花八门（福州鼓楼区）

②寺庙设在榕树下（永安燕西街道吉山村）

③老榕树下的供台虽小，但也精致，浓缩的都是精华（仙游石苍乡济川村）

④福州金山寺，设立在江面，四周灯火通明，风光无限，更显独特的闽江景观（福州仓山区）

①村头常见的土地公神位，虽然简陋，无处不在（光泽止马镇水口村）

②防灾辟邪的神树（清流赖坊乡）

③（莆田平海镇上林村）

④泰山之神力能抵挡住一切凶神恶煞（屏南棠口乡）

⑤莆田人进城开店，不忘带上妈祖画像（福州）

⑥神地也不太平，为神灵聚银两的功德箱，如今换成了保险箱（建瓯归宗岩）

①龟甲上房，意味深长（延平区夏道镇）

②~③福州沿海岛屿，许多村民屋门上都要放上这五样物件（马尾区闽安镇）

④好运看门前（长汀南山镇中复村）

⑤风调雨顺，平安祈福（马尾区琅岐镇壶江村）

⑥精神寄托，无处不在（武夷山吴屯乡红园村）

⑦村头常见的土地公神位，虽然简陋但也是不可缺少的神灵（建阳区黄坑镇坳头村）

⑧通天地，敬鬼神（建阳区莒口镇东山村）

⑨与神共餐，人与神，精神与物质得以满足（邵武沿山镇徐溪村）

①各路神仙上供台，多方保佑多安全，不至于在一个树上吊死（永泰嵩口镇成厚庄）

②~③真金白银堆满身（莆田妈祖岛）

④鬼祥（马尾区琅岐镇壶江村）

⑤村头常见的土地公神位，虽然简陋但也是不可缺少的神灵（建阳区黄坑镇坳头村）

⑥庙小妖风大（延平区炉下镇洋洧村）

①镇人间、阴间鬼怪（建阳区麻沙镇水南村）

②面目全非，依旧显灵（邵武桂林乡横坑村）

③不给银子，休得进门（永泰梧桐镇）

④众神之神，高神一等（建阳区莒口镇长埂村小源村）

⑤敞开神面，不如偶然一见（建阳区麻沙镇水南村）

⑥阴间里的文化人（闽清雄江镇饭仔村）

烟民

抽烟，不是每个人都有『活神仙』的感觉，对我来说，是件苦事。

①烟具，生活不可缺少的一部分

下放当兵时期，这个年龄段最容易染指喝酒、抽烟，消磨时光的良方。朋友、同学、战友相聚，个个烟不离手，吞云吐雾地侃大山，提神提气，中气十足，熏得脑子灵光得很。一群人中，如果发现谁不抽烟的，少不了成了攻击的对象，劝说，递烟，连哄带骗，软硬兼施，吹到烟的好处更是妙语连珠一套套的，什么“饭后一支烟，赛过活神仙”，“男人不抽烟，活得像太监”，“男人不抽烟，白活在人间”。不抽烟的人，如同废物，走到哪都要被奚落一番。

年轻气盛，自然少不了接招，就是毒药也得豁出去了。硬着头皮几番拼搏，用尽了浑身的解数，总不得要领，烟雾只到口中打转，进不了肚里，吸上一支，头晕目眩，人如中毒，嘴苦三天，苦不堪言。抽烟的人，除了满足烟瘾，还有消遣时间的作用，那时玩的东西少， 一个在城里长大的小子，来了农村战天斗地，每天体力耗尽，远大理想就是能吃饱睡好，多赚些工分。

闲时，几个知青聚在一起，抽烟喝酒，比吐烟圈，看谁吐的圈圆，一个接一个，大中套小，一条烟棍穿圈而过，变着戏法玩，像是当今的斗茶、比石、赛花，炫耀的成分大，将烟的功能发挥到极致，满足人好斗的本性。

为了与烟友为舞，冒着难食的青烟，初步掌握了这门技能。有烟在手，吐上几个烟圈，像个有成就的烟民，不至于被攻击。只要大家聚在一起，接上递过来的烟，就吐上几个圈圈，在不会吐烟圈的人看来，称得上是“烟鬼”级，没人敢嘲笑，还能听到赞美声。还好，烟酒不分家，总有那些大方的人递烟，我从未花钱买过烟，小气得很，抽的都是“伸手牌”，被动接受的那种，不想抽当然不会去花那冤枉钱，久而久之，离开那段空虚日子，庆幸没中毒，躲过一劫。

农村男人大多都会抽烟，不会抽烟的极少。生产队出工劳作，干活累了，抽一筒烟，天经地义，无话可说。不会抽烟的找不到休息的理由，光说是上“茅厕”，时间短，机会少，在别人看来，偷懒的成分大，学会抽烟，是个不错的选择。在农村，一个大老爷们不会抽烟，就没了尊严，轻飘得很。

农村的妇女，常见上了点年纪的有抽烟的习惯。千年的媳妇熬成婆，大多上了年纪的老太太，都成了家里的“大内总管”。在中国农村，男尊女卑的思想盛行，除去内在的管家本领，一杆“烟枪”在手，为角色增添不少威严。

农村的“茅厕”大多简陋，下面挖个坑，搭个蓬子，铺上几块木板，加点毛草遮挡就成。“茅厕”邻里相连，紧靠着，遇上老太与老头同时上“茅厕”抽烟，没了烟火，招呼一声，隔壁递烟递火过来，边吸边聊，东家长西家短，聊得痛快吸得爽，原生态的厕所文化发挥到极致。

过去抽的烟，都是自家农田栽种的，叫“晒烟”，也叫“黄烟”“土烟”。每人一杆“烟枪”，长枪短炮，各不相同。有钱的烟筒上铜、银、金、玉石、翡翠、水晶、象牙等贵重材料。水烟壶、鼻烟壶，更是做工讲究，超出了抽烟用的范畴，形式大于内容，更多的是显示主人高贵、富有，是身份的象征。

较为大众、普遍的烟筒，是到山上采一根小竹子，一根杂木根就能当烟具。竹子烟筒也很有讲究，不是什么竹子都能用，野外采集的竹子品种、造型、竹结，是成就烟具高低之分的重要基础。奇特、少见、长得怪里怪气，发育不良，生过病的竹子，往往是入眼的好料，物以稀为贵，是中国人“病态美”审视的重要标志。金鱼、宠物狗、盆景、林黛玉都是这套标准化身。

不讲究的烟民也很简单，找根细小竹子，在竹兜挖个洞，找根铁丝，火烧红了穿竹而过，与前竹兜烟孔相通能出气冒烟就大功告成。

选择灌木做烟筒，质地要坚硬，还要选择灌木中间长有一条细嫩液体状木料，虫子会顺着液体当饵料吃空，形成了能出烟的通道。这种小灌木往往很奇特，树根怪，长的还能当拐仗用。采集到与众不同的竹筒、树根，虽然不如玉器贵重，但也是值得炫耀的宝物。

还有简单的，用一张小纸，将烟丝卷成一个喇叭筒状，就能过上烟瘾，一盒烟丝，一包火柴，几张小纸头，一个小口袋就可以装好全部的行头，烟瘾来了，顺手掏出，“分分钟”就可过上烟瘾，省去许多麻烦。

如今的烟叫“烤烟”，与过去“晒烟”有很大的不同，从口感到制作工艺区别都很大。烟，从播种、育苗前期的管理，都有专门的部门负责，成苗后，再分配给农民栽种，成熟后的烟叶由专门部门按质量等级回收，制作成香烟，统一定价、定点销售，全套程序堪比军事化管理，严格、有序。

农民不准私自栽种，便宜的香烟还是比不上“黄烟”实惠，加上食吸的口感不同，山区制作烟丝的作坊，对付一年的烟瘾不成问题。“晒烟”如今是过街的老鼠，难以延续，已经走到历史的尽头。2004 年我策划了一本《烟路历程》摄影散文图书，走遍了八闽大地，寻找烟的足迹。为了采访传统手工制烟过程，花了一年多的时间，在远离城市的乡村寻找，已经是不多见。当年还有烟草管理部门的人随同配合采访，看见烟管人员，烟农都躲着藏着，如同老鼠见到猫，警觉得很，有时只能让陪同人员远离，悄悄进村探访，如同大海捞针少之又少。农村有个习惯，老人过逝，用过物品随身而去，物随人散尽。

据史料记载，明万历年间，烟草进入福建，算起来也有几百年的历史。关于“烟”的故事，产生出不同的烟文化，烟是一部长篇历史大剧。

“烤烟”替代“晒烟”是个节点，当前中国烟民不少，青一色的卷烟，白色段可吸，黄色段过滤嘴，外盒扁方形，分软硬包装，删除了吸烟不少的麻烦事，但也丢失了烟的趣味。传统的烟文化悄然退出了历史舞台，人们熟悉的“烟民”模样渐渐淡去。

烟难吸，入口难，闻起来还是挺香的，回忆中都是乡土味。

①刀切烟丝，是黄烟成品的重要技能

②自家土造的制烟工具，采用锋利的柴刀，就可以切出细如发丝的烟来

③打造烟枪的工匠，往日生意红火如今渐渐没了市场

④自制的卷烟机，从土烟迈向洋烟的重要一步

⑤最后的造型组合

①闽东地区烟民自制的竹木水烟筒

②简易的烟筒，满足一般烟民的需求

③铜制的水烟壶，尼古丁过滤的重要手段

④大竹筒吸烟，霸气得很

⑤手伸直了，加上捻子才能点上烟火

⑥取一小张纸，卷上烟丝就可吸，是最便捷的吸烟方式

①～⑨烟民众生像

①孙子点着火，才能吸上烟

②乡镇卖土烟的小店，最后的守望

①笑脸

笑的表情

闽江源头，大多离县城较远，交通不畅通的年代，靠着『人字步』丈量城市的距离，往返一次花上一天或几天时间正常得很。

如今公路修好了，人也老了，没有出过远门的老人，想象中的大城市，只在电视上饱饱眼福，过过洋房、洋车的瘾，只能养养眼。碰见一个外人，或开着洋车进村，如同鬼子进来扫荡，搞得全村鸡鸣狗跳。城里人，个个穿戴时尚，长期缺少劳动，阳光照射少，细皮嫩肉，人体关节灵活机动，加上背上大小不同的长枪短炮，如同特种兵入侵。大人、小孩在不同的角落探出头，行走人步伐停止，神情紧张，脸部肌肉收紧，两眼瞳孔放大。不速之客，打破了村里的宁静。

如今城里人不服老，女人 55 岁，虽

①~⑫笑脸

然退了休，做个脸，拉个皮，与实际年龄难以分辨。男人 60 岁退休，精力旺盛，大有第二春才开始。广场舞的盛行并非偶然，英雄无用武之地，消耗过盛的体能，排除堆积的脂肪，防止富贵病的漫延。

50 岁在农村已经进入老年人行列，不同阶层的人脸部分配均匀清晰，面部皱褶到了时间绝不会推迟。长年的体力劳动，过度透支的能量，日出而作，日落而归，春来而耕，秋到而收的生活，天长地久，日月的痕迹都体现在脸上。小伙强悍，女子皆丰满耐看，老年人更是皮包着面骨，皱纹纵横，笑出一道道的“朝阳沟”，如同闽江支流的分布图。

拍摄人物笑脸，不同性别、年龄、职业汇总在一起会是有趣的画面，脸部肌肉的表达丰富多彩，人的喜怒哀乐都刻在上面。粗分四种，细分可达百种。高兴的事总比愁苦好，生活中喜乐多点，哀怒少点，人是哭着出来，能不能笑着离开。

过客匆匆，一路走过的风景，一路见过的笑脸，相逢终是缘。

①~⑫笑脸

①~⑨笑脸

工夫茶

我理解的『工夫茶』，首先要有『耐性』，还要有泡与喝的技术。

①~③泡茶

过去喝茶，在闽南地区普遍流行。1976年在石狮当兵，到闽南人家中作客，进门第一件事，以茶待客。主人忙着桌面的茶具，烧水泡茶，茶壶很小，茶叶很多，杯很小，茶水少，众人围成圈而坐，每人面前摆放一个小杯，泡茶的过程，嘴边也不会忘记与客人交流，做到了一心二用。小壶茶水均衡倒入客人小杯之中，汤水浓与淡，多与少分配均匀，举杯入口，大有提神的功效，随之天南地北，海阔天空地神聊。

那个年代喝的茶大多是安溪“铁观音”，其他品种的茶少见，家家泡出的味道都差不多，外来茶种不多。从客人进屋，主人就会手脚不停地进行茶的冲泡，嘴上说着，手上忙着，前紧后松，由快放慢，一巡又一巡，只要杯子空着，主人便会不厌其烦地倒入，谈天说地，嘴手并用。刚泡出的茶还浓烈苦味未了，客人刚喝出点茶味，就被倒掉，换上新茶，久在苦涩中来回打转，难进口中。在闽南生活五年之久，喝了几年的“工夫茶”，最终无功而返，不得其要领。

说实在，我不敢恭维这种喝茶的方式，一小杯入口，难以满足口渴的需求，只能猴急，杯水车薪，难解口渴之急，此喝茶非彼喝茶，叫“品茶”，不当解渴用，茶只是一种待客习俗罢了。苦涩、烧焦树叶味充满口腔，难进口舌，苦不堪言。“工夫茶”不光是泡的工夫，还要有等待的工夫。

在福建的地盘行走，到哪坐下来第一件事就是喝茶，茶叶的品种不一样，“工夫茶”的工夫已经很普及。进入茶乡，闲聊大多从茶的故事开始，茶农个个口才了得，开口就来，不比过去摆台说书的水平差。东西南北大杂烩，相互渗透，相互融合，你中有我，我中有你，各地都想尽办法说自己家乡的茶如何好，自己卖的茶叶如何神奇，从神间到凡间，上至几千年，传说中多为延年益寿，百病不侵。福建茶圣张天福活了108岁，成了茶的活广告。除了安溪的“铁观音”，武夷山“大红袍”名扬海内外，更多茶种应运而生，销售一路看好，治百病不可信，喝茶有益无害当信，如今生活太好，很多人营养过剩，茶叶消食去肚子里的肠油我信。

“工夫茶”还是要点真功夫的。要有闲时，还要有闲心，要有定力，急性子难以成工夫。“工夫茶”内敛而平静，慢慢道来，急不得，适合慢生活。除了茶的好坏，茶杯、茶水、水温、时间是一环扣一环，每个环节缺一不可，做到口感手感相互协调，心到手到口感到。泡茶的小碗更是显示泡茶工夫，五指用上三指，一指碗盖上，两指在碗边，上下来回倒腾，汤水流出，手指烫不着。我试过几次，手脚忙乱，滚烫的开水经常烫到手，总不得方法要领，每每都是杯翻水倒一桌，大都以失败告终，加上兴趣不大，没此番悟性，终将所有的工夫用具清出办公室，来人泡上一大壶茶，各自一个纸杯，轻松省事，不少礼数。

“工夫茶”流传海外，有华人的地方，少不了“工夫茶”的影子。要想喝上一杯“工夫茶”也不容易，各种茶具铺天盖地，各种造型满足不同人的需要，但都给没上道的人用，真正能泡上“工夫茶”的还是小壶、小碗泡出来的茶味道纯正，坐功、手工等各种程序不可少，形式大于内容。大多闽南人，除了居家必不可少的一套工夫茶具外，在活动场所、办公室、办事处、街头巷尾、农贸市场都会摆上这套复杂的茶具，闲下来少不了嘴手并用，彰显出特有的茶文化魅力。几小杯茶水下肚，滚烫的水温激发出闽南人特有的激素，说话中就有爱拼才会赢的激情，一杯接一杯，茶不尽，语不休，要的就是这味，好的就是这一口。

茶叶的种类很多，绿茶、红茶、白茶、黑茶、黄茶。每个地方的喝茶与地域、气候、环境、习惯、习俗有很大的关系。如今茶叶相互渗透，一次大的炒作，也是一次传播的过程。喜新厌旧是人的特性，接受新茶而改变口味也是常理，何况茶要分出三六九等，品茶人也是高深莫测。

我的作家朋友萧春雷，我认识他的时候，早上起来第一件事就是喝茶，喝的是闽南“铁观音”，如果不喝够茶，没法开工，一天没了精神，非常神圣，不可动摇。后来见到他，已经改喝“岩茶”，“铁观音”已经被抛到了嘴后，说是初级阶段喝的茶不过瘾。如今见他说喝茶，又进了一个段位，说喝茶人最高层次是在广东潮州“凤凰单枞”，他认为那是喝茶人的最高境界，口气毋庸置疑。这茶我尝过，汤水深褐色，很苦、焦味十足，难以入口。我不懂茶，只能听他忽悠，卖茶与喝茶都一个德行，吹大牛，讲故事，十分茶钱，有九分价值在讲故事，一分茶的价值。喝的不全是茶，是文化，上升层面高，吓得你只有点头的份，不敢搭话，生怕没文化。

进入寺庙的茶更是进入仙境，叫着“禅茶”。与神在一起，意境深远，高深莫测，只可意会，不可言传。与俗人相比，工夫茶又将演变成另一种境界，不慌不忙，不紧不慢，如同念经打坐，慢慢道来，茶的汤水激发人的思维，延续着神明的理念逐渐升华，交融并进。“工夫茶”进入寺庙，没工夫的，时间长了工夫自然而成，只能说好，不能说不好，否则神明怪罪下来，吃不了要兜着走。在强大精神支配下，一口茶入口，自然与神明沟通，眼光发亮，神情异常，精神的内容远大于喝茶的需求。

我喝的大碗茶，可有可无，不上瘾，上不了道。圈外看茶，看喝茶，看茶道表演，看人生一出戏，比喝茶过瘾。

①~②喝茶

③安溪茶叶市场，丢下几角钱，就可以喝上一杯正宗的『铁观音』茶

④安溪铁观音交易商场

1

2

3

4

①菜场里的『工夫茶』，清闲时也要泡上几杯，谈天说地，放松筋骨（长泰山重村）

②闽南人泡茶、敬烟是待客的基本礼节（长泰山重村）

③一张小桌，几张板凳，门口路边摆设，『工夫茶』随心所欲（长泰山重村）

大肉香喷喷

吃『包子』烫到背，在农村听到的说笑段子。说是有个农民进城，买了个大肉包吃，一口咬下去，猪肉馅里的油顺着手背流，农民舔着顺着手背流淌的油水，手拿着包子不知不觉地越举越高，包子馅里滴出的油烫到了后背。

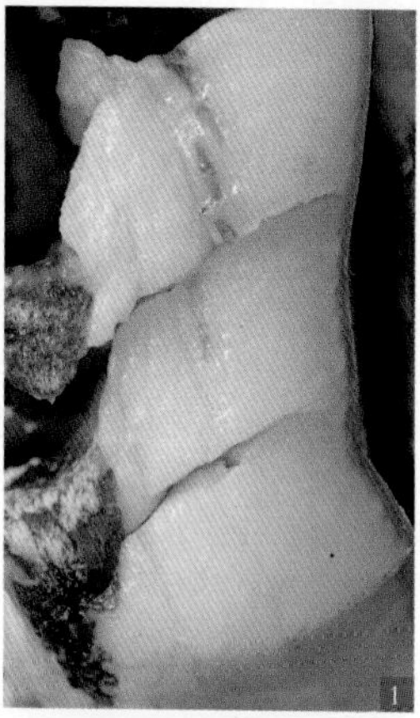

①咸肉，最能保持猪肉长久食用的方法

②腊肉，制作过程复杂，时间长

经历过“自然灾害”的人都记忆犹新，肚子多点油水那是件快活的事，那个年代，能吃上一顿猪肉非常奢侈。改革开放前期，市场凭证供应猪肉，人们肚子缺少油水，拿着分配的票证大多都想买多带肥的，将肥肉熬成油留着炒菜，榨过的猪油渣也是一道美食，放些盐即可食用，用些猪油拌饭，更是香气扑鼻，入口香美，至今还惦记着，总觉得比吃“大肉”要过瘾，用猪油炒的菜胜过其他的食油。

20 世纪 80 年代末，我与同行去了一趟青海土族人聚集地采风，土族人吃肉，那叫一个痛快，猪杀完后用石头敲打去毛，全身猪毛敲尽，猪身体也进行了一次全方位的“按摩”过程，别具一格，据说如此敲打猪肉会更好吃。餐店招牌是猪肉，叫“大肉”，大块的猪肉放在锅里煮熟，取出锅放在案板上直接称着卖，客人到店，围着一张四方桌，称一盘切好的“大肉”，最好是肥多瘦少，吃得津津有味，不见其他饭菜上桌，肉食不够，配些面食，以猪肉为主打的餐店，在南方少见。“大肉”五元一公斤，猪下水（猪肝、肠、肚等）三元一公斤，店里出售的猪下水吃的人少，猪肉比猪下水的价值要高，与内地价值相反，心里暗自偷着乐，每次我俩进店都选择猪内脏为食。

价值有时能决定口福，按内地的价值标准，付了低价银子，吃到高价值的食物，自然心满意足，心里的天平倒向便宜一方。周围的吃客看着我们不时地翻白眼，用听不懂的土族方言议论，似乎与我们吃的有关，不得其解，结账时问店老板，客人笑啥意思，老板说：“笑你们吃猪下水，在我们这有钱人吃‘大肉’，没钱人吃猪下水。”世界之大，无奇不有，两个人看周围的人，都是吃“大肉”的爷，我们倒成了穷鬼，眼前有一对父子，坐在一张方桌旁，大口嚼着一盘“大肉”，足有两斤，肥多瘦少那种，富足的脸，油光的嘴，细嚼慢咽的满足神态，幸福不过如此。

陪同我们的是个乡政府的秘书，胖胖的身体，走起路来，头未进门，肚子先行，说起吃“大肉”，更是眉飞色舞：“年轻时，我可以一次吃上五公斤的‘大肉’，现在不行了，最多能吃三公斤。”那可是十斤肉啊，真是吹牛不交税，当年自己也是囊中羞涩，换到今天，买上几公斤让他表演，没见过他如何吃进10斤肉的，现在想想有点后悔。不管怎么说，秘书说的我没见过，凭他当前的体型，与“大肉”是脱不了干系，土族人吃猪肉当主食亲眼所见，也是我见到最震撼的食肉场面。

闽西北山区许多村落，“猪肉”是宴请客人的主菜之一，所到之处，随处可以听到，真正的“土猪肉”，农家自养的，吃到嘴里是甜的。红烧、清炖、蒸、炒等五花八门，种类繁多。名副其实的“大肉”，一斤多重，分成两大块一碗，煮熟后要摆放在“八仙桌”中间，是“大菜”，也叫“硬菜”，周围菜都可以随便夹食，唯独这块足三四两大的肉无人敢下筷子，主人不动，客人也不会主动触碰，主人暗示指点吃肉，自己不吃客人也不敢下手，原因未必真心要人吃，只是客套而已，客人就是想下手，也分配不均，僧多粥少，下手分开，吃相难看，一推二让，饭饱离桌，主人尽了意，做足了面子，客人也无话可说。看着馋又不敢吃的“大肉”，是因为我身体各项指标偏高，在努力克制欲望，懂习俗的人知道这里的风俗规矩，这碗“大肉”，何时能进入人体，不得而知，碰上还有客人，还要放上几天。桌上“大肉”，形式大于内容，六七十年代农村待客的风俗，如今还能见到，虚情假意得很。

喜好与厌恶并存，如今在城里，吃“肥肉”是欲望与意志的决斗。打开电脑的网站，多如牛毛的减肥药，以瘦为美的审核标准深入大江南北，肥肉成了影响美容的罪魁祸首，各种宣传指导意见铺天盖地，没有明确权威界定，各自站的角度立场不一，得出的结论大不相同。有则新闻，一老汉活到百岁，生活中每天要一小碗猪肉，镜头有老人大吃“肥肉”的画面，一天还抽上两包香，让人羡慕不已。老人说：“劝我不要吸烟喝酒的人都走了”。主流医学知识告诫：犯有高血压、高脂肪、高胆固醇者均属“富贵病”，少吃“红肉”，远离“猪肉”，猪内脏更是大敌，当戒！当今身体的每项指标都有定数，吃多吃少都有标准，老天爷给人的寿命公平合理，穷富无欺，多吃营养过剩，吃少营养不足，前半生山珍海味，后半生咽糠吃菜。

抵挡不住诱惑，就会找很多理由，什么“美容食品”、“胶原蛋白”的鬼话说服自己。如今，油脂替代品不断地出现，各种有助身体健康的花生油、茶油、菜仔油、麻油、橄榄油层出不穷，“肥肉”已不是人的身体主要依赖的食物，但也不容易从餐桌上消失。

“肥肉”与人，形影相随。

①晒上几串『大肉』，对自己一年辛勤劳作的最大犒赏

②最后一碗是『大肉』，撑门面的主角，看着都垂涎三尺

吃地瓜的日子

『地瓜』的学名应该叫红薯，曾用名就多了，搜寻民间的各种叫法有番薯、甘薯、山芋、红苕、线苕、白薯、金薯、甜薯等。

过去外地称福建人叫“地瓜”，有点贬义，是因为“地瓜”由福建引入的缘故而给的尊称，还是因为福建地瓜多而得此雅号，没考究过。“自然灾害”时期，缺粮用地瓜补充粮食，养活了成千上万的八闽子民，是不争的事实。

小时候，每到开饭是吃“地瓜”，就会流眼泪，这玩意吃多真的不好受，肚子直翻酸水，胃也不舒服，老天安排对人的生存基因五谷杂粮中，“薯”排最后，按如今的话是，“多吃伤身，少吃养体”。哭也好，闹也罢，不好吃总比没吃得好，人是铁，饭是钢，一天不吃饿得慌，“自然灾害”，修复期少则几年，吃“地瓜”当主食，在我的记忆中，有过好几年的光景。

1976 年初，我在福建石狮的后洋当兵，印象最深刻的还是那个年代村民吃地瓜的情景。一只手顶着小脸盆大的碗，大人小孩一个样，里面装着高过鼻梁煮熟的“地瓜”，五个手指分出了两个手指夹着一个小碟，碟内装着几条“熟鱼”，游荡在家门口，有的蹲在青石红砖的墙角，三五成群吃着聊着。一大碗的地瓜配上几条小海鱼就着吃，早餐大多从吃“地瓜”开始，现在想起来，肚里直冒酸水。

我的一位老师，打成右派后，从大学下放到农村劳动改造，正当壮年期，正常人都吃不饱，一个“有问题”的人，可想而知。粮食不够吃，整天饿着肚子，浑身没力气，还要干重活，没办法，只好经常偷吃猪食，用喂猪吃的“地瓜”充饥，躲过那个艰苦的年月而活到今天，说到伤心处，泪水

①地瓜，闽西北地的人还大量食用

②偶尔吃上一口，香气扑鼻（福州寿山乡江南竹村）

湿了眼眶。比饿死的，他算是幸运的。

当时的初、高中，都要到农村接受贫下中农再教育，兴办共大、农大学校。初中正好赶上这拨风潮，在农村的一座老屋就读，一个院式的房屋，四周是砖墙围着，一个大门，左右有两个小门，简陋得很。两年高中，学习不怎么样，农活学了不少，在农民当校长的学校，农活传教的是“一脉真传”，五谷分得清，韭菜不会当麦苗认。印象最深的，还是跟着放牛娃烤“地瓜”吃，那真叫一绝。在山上挖一个坑，40 厘米深，30 厘米宽，捡一堆干透的牛粪，一层牛粪一层地瓜地摆放好，分二至三层，从最底层找些干柴点火，在用少量土铺在最上层，不让火势太大而过快烧尽，留出冒烟出气的孔，就可以去玩，不用操心。两三个小时后，牛粪烧尽，没了烟火，大功告成。还没等刨开洞口，香气就扑鼻而来，很远都能闻到香气，拨开的洞中，牛粪变成了灰，只剩下一个个黑不溜秋焦黄外壳的东西，瓜内蛋黄色显露，一口咬下去，那是香甜可口，回味无穷，丝毫没了不想吃的念头。

“自然灾害”时期吃“地瓜”那是没办法。如今成粗粮、杂粮又成了时尚，精美的细粮又成了祸害人体的罪魁祸首，“地瓜”又从民间直接搬上高档餐桌，席间的五谷杂粮成了一道叫得响的美食，许多高档餐桌少不了“地瓜”的身影，功效有“补虚、益气、健胃、强肾”等，更有“长寿少疾”“抗癌功效”，可称得上是灵丹妙药。在谈癌色变的今天，有如此之“神物”，不吃个胃酸、胃痛绝不罢休。癌细胞怕酸性物质，地瓜与癌细胞相克，能否治好癌症没听说过。原本想吃点是对儿时的念想，没想到“地瓜”还有如此功效，有点“懵圈”。信总比不信好，反正吃不死人，只要不当主食还能接受。民间流传的俗语：“一斤地瓜三斤屎，会拉的还不止。”说明通便，排毒，利大于弊。

为了一年四季都能填饱肚子，“地瓜”花样层出不穷，煮、烤、烘、炒、晒五花八门，适合不同季节，不同时间段都能吃得上。如今“地瓜”已经改造得面目全非，造型、口味、口感到嘴中都能接受，进到肚子，通过胃的发酵，味道基本没变，涌上来的还是那个味。所幸渡过了难关，活着就是硬道理。

“地瓜”好种，春季播种期，在地里插上一节藤就能活，不用太多的管理就可以生长，秋后就会有收成，挖出土来就是一串，大小不一，如同葫芦娃兄弟。那年代农村家家都种“地瓜”，田里、山上都是，随便挖出几个出来吃也没人管，好种，有土就可能成活，米面不够吃，“地瓜”是补充食物的最佳选择。

400 多年前，福建长乐的陈振龙从菲律宾将耐旱番薯带回家乡种植，由于菲律宾当年是西班牙殖民地，统治者发布禁令，严禁种薯外传。陈振龙三次偷运，将薯藤绞在绳索，浸在水里，海上航行七天后获得成功，于1593年到达福州栽种。此后，番薯在荒年发挥了巨大的作用，解决了成千上万人的饥饿，同时也快速地向全国蔓延，推广，有多少人因地瓜的好处而活了下来，没有具体统计，中国人在“自然灾害”的时期，在饥荒日子里，五六十年代的人都记忆犹新。

戏剧《七品芝麻官》有句台词，“当官不为民做主，不如回家卖红薯”，红遍大江南北。

①在城市流动的烤地瓜小贩

②地瓜干，最常见的制作方式之一

③蒸熟的地瓜，皮红黄心，秀色可餐

④地瓜煮稀饭，缺粮时的最佳搭配

①~③春天播种，不用投入更多的管理，秋天就有很好的收成

④入秋，地瓜收获的季节

①开春的收成（将乐万全乡良地村）

闽北山珍——竹笋

每年的三月底四月初，在闽北的村落几乎看不见中年男女，这是一年当中最忙的季节，时间不长，大约二十几天，争分夺秒，白天黑夜在山里的竹林奋战，为了获取大自然馈赠的山珍美食——竹笋。

“竹笋”号称素食第一品。闽江沿岸，竹笋遍布，不同的地域产出的竹笋大不相同，地域的差异，土壤气候的原因，有着截然不同的味道。在福州寿山乡的毛竹笋，就有不近人意，粗糙，苦涩，吃前需用水煮沸，除去原汁的苦水方可入食，基本上没了“竹笋”的清香。一方水土养活一方人，闽北源头的竹笋淡黄中透出瓷白，甜脆中含着鲜嫩，剥开深褐色的外衣露出婴儿般的肉体，没入口先养眼，吃到口里那叫一个“清爽”。

三月的天气如孩儿的脸，说变就变，最高的气温可达35度，穿着短袖还觉得热，电风扇、空调纷纷登场，蚊子跟着气温也抛头露面，久违的炎热省去春天的环节，从冬季跨越到了夏天，当人们正准备将冬天的装备洗晒入库，一场冷空气从西北往东南直奔而来，气温骤变，转眼又回到冬天。俗话说“倒春寒，冻死牛”来形容这个季节的天气寒冷，冬眠的植物、动物刚露头，要经历如此巨变，大多九死一生。

时间是食物的挚友，也是食物的死敌，这种过山车的天气，对闽北人来说，是个收获的节气。炎热是竹笋成长最佳时间，温湿加剧了深埋在土壤中的竹笋躁动，如同十月怀胎，迫切地需要分娩。高温下的竹笋，一天时间能长出几十厘米，架起录像拍摄，能达到高速摄影慢播放的效果，生物奇妙的生长过程得以诠释。最好的竹笋是刚露出尖头，大多还在土里，幼体身躯纤维还没成熟，是采集的最佳时机，当竹笋离土地太长，内部出现空心节，将失去竹笋醇厚鲜美的真味。

竹子是植物生长最快物种之一，十几天的时间就可以长成挺拔高大，从幼儿直接进入青壮年时期。不是所有的竹子都能一帆风顺成型，部分将无法享受自然的造化，死在笋的萌芽状态中，同时失去食用价值。竹子的一生，生得伟大，死得光荣。

沿路村庄，路边处处看见架起的炉灶，一个油桶，从中间打开口子，放入从山上采集的竹笋与水，几块石头架着燃烧的大火，笋与水加上火媒介的混合，并不是简单的融合，千百年古人独特的秘方，食材制作与搭配，流传着先辈们的聪明智慧。抢收与时间赛跑，采下的竹笋要尽快用开水煮熟，用高温保留笋的原味。煮笋约一个小时，烧透的竹笋还要捞出来放进沟边的清水浸泡，冷与热的交锋，能激发出原生物的转化，达到贮藏食物的最佳状态。浸入清水的过程中，笋的中间要用长棍从头往里捅开，节节相通，气贯相连。放进笋箱内进行挤压脱水，大石压箱，才算结束，真正的银子才算进了自家的保险箱里。

远处山林的竹笋无法及时挑回村里，只能在山上点火煮熟后再挑回来。大自然给人类的食物分配是有限额的，当冷空气到来时，夹着狂风暴雨，春笋将停止生长，一年的收获季节宣告结束，还在山上采集的农民大多冒着寒冷，风餐露宿，抢收着最后的果实。村里的老人说："现在能赚钱只有烟叶与竹笋，开春的竹笋有几万元的收入，能够满足一年的大部分开销。"不难想象，炎热虫咬，天寒地冻谁也不会放弃这赚钱的大好时机，钱不是万能，没有钱万万不能。

闽北大多村里都能看见"笋仓"，与谷仓相似，建在正房外的空地里，排列整齐，家家户户紧靠在一起，一根根粗大的木头横出，利用杠杆原理压榨，木与木，绳与木的巧妙结合，偌大一个笋箱，压缩自如。一个笋仓可以装一吨左右的"竹笋"，有七八千元的收入，放进了笋仓，过上几个月，不开仓就不会失去味道，如同真空包装，安全可靠，没有时间的有效期限，经过长时间的空气挤压，发酵让美味释放，看似简单的程序，却蕴藏着大山人的美食秘密。人们长期逾越障碍，把握时机，从"吃"中激发出最大的智慧。对纯朴的村民来说，笋的制作，依旧在一年又一年重复同样的故事。竹笋不仅仅是一种食物，还是留存在岁月里的生活和记忆，难以忘怀的依存。

源头的山，闽北的笋，流露大山独有的味道，背后蕴藏着的故事，承载着闽江农耕文化的一部分，记录了历史的演变过程，源远流长，生生不息。

①抢收季节，全家出动（邵武桂林乡）

②青壮年男女都在山上采集，老年人在家负责烧火煮笋（邵武桂林乡）

③山水浸泡，不可缺少的环节（邵武桂林乡）

④笋节捅开，气节相通（邵武桂林乡）

⑤源头村庄，处处能见到煮笋的土灶（邵武桂林乡）

①采集下来的竹笋，排队等待烧煮的环节（邵武桂林乡）

②丢弃的油桶，是煮笋最好的工具，上面开个能放进笋的口，几百斤的竹笋可以完成沸水煮熟的过程（邵武桂林乡）

③路边搭建一个油桶，就是一口大锅（邵武桂林乡）

④压榨，挤出空气，真空中才能有效保存笋的长久（邵武桂林乡）

⑤笋仓，建在正屋边，放在身边的银库存放安全（邵武桂林乡）

⑥笋箱排列有序，每个笋箱都支撑小木屋，防雨防晒（邵武桂林乡）

瞬间场景

场景，从词义解释有点大，用在这里有点虚，不切题。我也说不清是何场景，反正种类繁多，事物多样，场景与场景毫不相干的画面。

从闽江源头采集到的场景，不大，如同小浪花、小水珠，单独看不起眼，没水的气场，但又确实存在，有时也让人驻足难忘。一堵老墙，一幢老房，一座宅院，一条街景，一处风光，如同一幅不相干的事物粘贴在一起的长廊式画卷，不好看，又确实存在，慢慢地品味，才感觉出滋味来，如同喝茶，由苦到甘，由甘到香甜。好的场景是需要静下心来品尝。

汇集零散的记忆，链接片断的场景，将有关联与无关系的场景串在一起，也许就会有相似之处，如同闽江水，大小

1

①广场舞，风靡全国，跳到海外，闽江源头也不例外，庄严的宗祠场所也要空出场地（浦城富岭乡山路村阮氏宗祠）

无数的泉涌汇集成江，积少成多，不起眼，不闪亮，平凡有时也很伟大，算不上“作品”，当作“小品”，成组在于细节，成篇在于情节。

源头太多，太散，无法真正意义地走完，我们所见到的人与事，景与物断断续续，大多成不了完整的场景，扑面而来的信息快速而又短暂，短时间内会让大脑缺氧，装不住，分不清事物的本质，缺乏对事物上升解读能力，使得我们这些匆忙过客，丧失发现金子的机会。

场景，弹指一挥间，如天空流星，闪亮登场，瞬间消失。行走在特定的场景，能短暂的在记忆中定格就好。

①闽江的钢琴协奏曲（闽清雄江镇）

②竹椅，一道割舍不去的风景（连江壶江村）

③年货，一年的庆贺，也是对自己辛苦劳作的犒赏（延平区夏道镇）

④融入场景，身临其境（建阳区书坊乡书坊村）

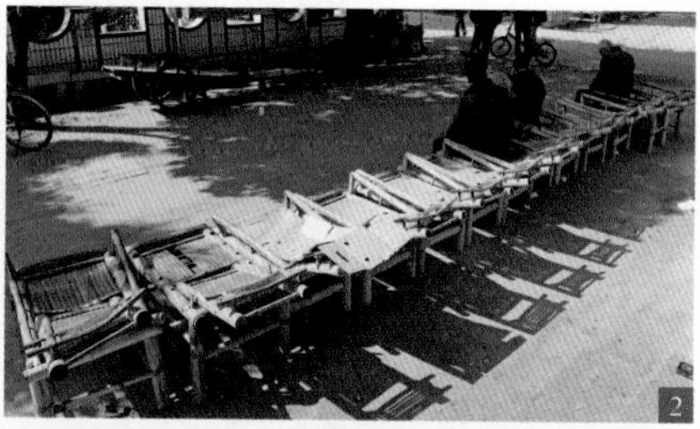

①同心协力，步调一致（建阳区黄坑镇坳头村）

②新媒体，新气象（永安槐南镇）

③占领农村的广告市场，张贴画发挥了最大优势作用（顺昌元坑镇）

再见——绿皮火车

呜——哐嘁、哐嘁、哐嘁……

印象中的火车，是在“文化大革命”疯狂的日子里，看着大小学生都不要钱，可以挤上火车到北京见毛主席。大串联的壮观场景，人人如同打了“鸡血”，个个斗志昂扬，激情豪迈，放下生产闹革命，火车成了最有效的运载工具。一声长笛，火车拉着身着绿军装头戴军帽，皮带系在腰外，胸前挂上形状不同的毛主席像章，手臂上戴上红袖章的“红卫兵”，在中国大串联，将革命进行到底。第一次认识火车是干革命用的。

资料显示，世界上最早的铁路，是 1825 年 9 月英国的达林顿正式开始通车，采用的是“蒸汽机”，使用煤与水的原理。中国建铁路始于清末的 1881 年。1958 年 9 月 9 日，中国诞生了第一台内燃机车，采用柴油与电的原理，改变了靠煤与水推动火车的历史。中国的高铁起步于 2000 年前后，铁路的速度大大提升，纵观火车发展变化的 200 多年，从蒸汽机车－内燃机车－电力机车－动车组时代，随之而来的磁悬浮车每一次的变革都随着科技的发展加快，人们希望速度变得越来越快，创新总将人的欲望不断提升，火车的速度怎么样才算尽头，没有想不到，只有做不到的。

1910 年，福建省首条铁路，为漳厦铁路，全长 28 公里，时速为 10 多公里，以货运为主。1957 年，鹰厦铁路正式通车，从江西进入福建，火车从光泽开始，顺着源头水进入闽江，逢山辟路，见河搭桥，到达入海口的福州为止，河水见证了火车从小变大、由慢变快的变迁过程。

想当年，火车的速度远不如水流速度快，如今江水的流速再快也无法赶上火车的速度。闽江水大多时间平

① 邵武煤矿，还能看见较原始的小火车，称得上是动态博物馆（邵武晒日镇煤矿）

② 70 年代的工作场景，保留至今（邵武晒日镇煤矿）

静流淌，不慌不忙，不争不抢，从容淡定，顺着自己的节奏奔流。火车永远是按着人类的需求追赶着时间，从巨大而又沉重地轰鸣前行，到快速低音地飞驰，至今还是没有放慢脚步的迹象。

20 世纪六七十年代建成的各地火车站，已经失去了往日的喧嚣场景，冷静的像冬天的寒潮来临，偌大的一个车站，见不到几个人走动。一列老旧的车头带着嘶哑的叫声，拉着几节货物车皮缓慢前行，失去了拉人运客的功能，进入了只靠拉货运物维持运转。鹰厦铁路的辉煌时代，慢慢地从人们的记忆中消退，淡出历史舞台指日可待。“我消灭你，与你无关”是这个时代的特征。

人活着是慢好还是快好，还无最后的定义。眼下世界用一个关键词“快”字，也不为过，用简易的文字，诠释了当今世界的现状。你追我赶，经济实力强大，武器先进，拳头就大，就有话语权。你追我赶，争先恐后，慢就是落后，就要挨打，都想着要快速发展是王道。不进则退的道理永远激励着中国人的斗志。“全民创业，万众创新”，快还在加速，还在百米冲刺。

人老了，想快也没机会，快与慢在周期运转，东边日出西边日落，一天天一年年周而复始，慢火车的生活场景，在等待机会。

火车总有自己的起点和终点。

2

3

5

6

①信号灯见证铁路的风云变幻（古田火车站）

②从内燃机车到蒸汽机，二十几年的时间，即将都退出历史舞台（古田火车站）

③林师傅，45岁，火车司机，开火车26年，1988年工作至今。柴油内燃机，20年的设计寿命，即将淡出历史舞台（古田火车站）

④当年最热闹的火车站，如今空荡荡的，出行选择火车从强势变为弱势（古田火车站）

⑤伴着火车的轰鸣声，闽江人生活淡定、悠闲（古田火车站）

⑥闽江新车族，动车替代内燃机车的时代（闽清）

慢时光的日子

从前，一个问候，一个祝福，一件事，要等上好几天，也许好几个月，在地球上慢慢转，慢慢地爬，如同蜗牛慢吞吞。没车的日子，靠两脚丈量地球，串个门，办个事，从城的这头到城的那头要走上几个小时，从这个城到另个城要走上好几天，从地球这边走到那边要走上好几年，总之，一个『慢』字，给短暂的人生带来无数的浪漫与遐想。日子很慢，有点闲，有点懒，但很安逸。一杯茶消磨整个黄昏，一支烟叼在嘴里吹着圈圈，陪着时间慢慢走。

①通往外界的通道（清流沙芜乡龙地村）

②足不出户，能知天下事（延平区巨口乡九龙村土厝群）

好景不长，城里的车辆如同蝗虫，爬满了城市的每个街道。在大城市上下班，在车上待上几个小时，正常得很，一天出去能办上一件事就很了不起了。在北京，朋友请吃饭，要问清楚多少路程，打车要多少银子，他们说的不远绝不是你想的时间及路程，还不如让对方过来，你请吃饭，花了同样的钱却省了时间。

在乡村，过去小道如今也畅通无阻，村村通油路，给时间让出了跑道。过去秀才进京赶考，几个月前就要动身前往，书纸笔墨，衣物用品，有钱的带着书童，雇上挑夫，一路风景看看，也算惬意。家境贫寒的学子，平时读书劳作少，挑担走路苦不堪言。如今车辆追着时间跑，坐上飞机，一天可到地球最远的城市，城市与乡村更不算距离。

看着邮箱，空荡荡，走进邮局，职员多，客源少，一个曾经风光的行业，如今也大不如前了。互联网时代，微博、微信变着花样更新，全球奔跑用秒计算。建个群，也用不着大家一定要相聚在一起，一个空间足够让你有宣泄的机会。想聊，写上几句，嫌麻烦，面对面视频，不想动脚，几步路的办公室也不用抬脚，现代的网络将远的拉近了，近的推远了，伸缩自如，弹性有佳。数字化的普及，拉近了世界的距离，全球一体化的链接，邮电局的岁月可以安度晚年，寿终正寝。

信箱，大多已经失去了原有的功能，电信的网络已覆盖山村，远在外地工作的儿女，大多给家中老人配上有接听功能的手机，用不着等待骑自行车的邮差，盼望来信出现惊喜。

在边远乡村还能欣赏到它最后的身影，大多挂在某个村部中央显眼的墙面上，也没了信，多了些广告宣传单之类的印刷品，放在箱的上面，成了乡民的手纸。锈迹斑斑铁皮箱，没了实际的用途，懒得去摘，见不到那绿色的铁皮箱将不会太远，一个时代的产物即将终结。

万物的生长四季轮回，生活只能踩着季节的步伐，急不来，快不去。慢生活的乡村，碰上外面精彩的世界，向往着热闹的场景。城里待时间长了，盼望着清静、安宁，如同围城。

看见的风景远去，留意的角落忽略，想留的细节丢失了……才意识到，慢，也是一种选择。人的一辈子，做不了几件事，做好一件像样的事，也就功德圆满。

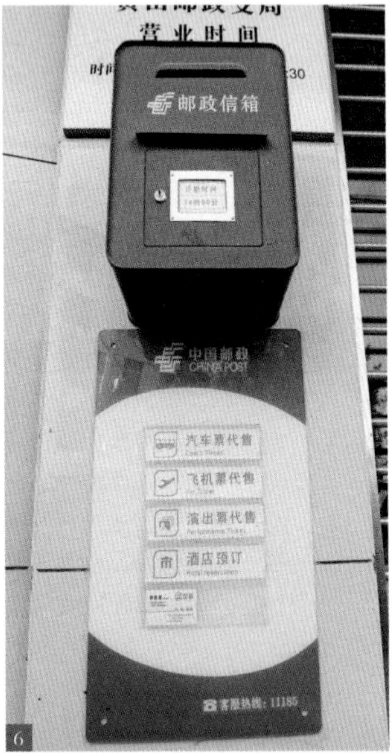

①编码、信箱，淡出了公众视野（清流嵩口镇梓材村）

②不见了信件，多了广告宣传单（古田杉洋镇）

③建瓯新农村的建设，邮箱外观发生了变化，装饰功能大于实际用途（建瓯木雕城）

④通讯不畅时，邮箱是连接外面世界最好的沟通方式（浦城）

⑤坚守最后的阵地（武夷山下梅村）

⑥邮政老大的副业，跨行业揽生意（古田黄田镇）

①敞亮的厅，失去了往日的喧嚣（古田黄田镇）

②邮政储蓄大于邮政信件的位置（古田县城）

③便民的公用电话，将寿终正寝（古田县城）

④公用电话，昙花一现（明溪胡坊镇肖家山村）

⑤没用的电话机，成了广告杂志的存放地（武夷山下梅村）

车轮滚滚

我国是世界上最早造车的国家，据史料记载，公元前 2000 多年的夏初大禹时代，有一个叫奚仲的人，发明了世界上第一辆马车。

① 风靡千百年的独轮车，闽江源头还能看见，只是木质车轮已遗失（宁化安远镇赵家源村）

在我的记忆中，木制的独轮车我用过，是木制车轮的那种。50 后上山下乡的知青大多记忆犹新，生产队最能省力的就是独轮车。初期还是木制的多，为了防震，在圆轮上贴上一层橡胶皮，换上钢珠能充气的独轮车算是"高大上"产品，比起木制用轴心加油要省力得多。

独轮车是三点支撑，推起来是靠人工两脚叉开地站立，也在三点受力，大部分的重量压在车轮上，人的两脚支撑掌握平衡，推动前行，力学原理体现充分。推动这木轮车除了力气，关键在平衡的要领之中，过去乡村的道路大多是沙石土路，高低不平，独轮车收粮盖房，推着老人出门、推着新媳妇进门、带着小孩走街串巷，成了当时家家户户必备的工具，风靡千年，经久不衰，确实了不起。

陈毅的名言"淮海战役是独轮车推出来的"。对于今天的新中国，独轮车功不可没。我们无处考证生活在闽江两岸的人是何时使用独轮车，但至今源头还能看见独轮车的身影，是胶轮的。20 世纪 70 年代木质的三轮车还随处可见，能买得起胶轮的，就像当今能买得起奔驰、宝马一样豪华奢侈。一些山区，田埂地，道路弯曲还离不开独轮车的使用，各地的车体形状有所不同，但三点支撑原理没有变化，演绎还在继续。

从独轮车到马车、两轮平板车、汽车、电车、太阳能汽车、电池、智能车一路走来，车跟随人类的脚步，伴随着历史前进的步伐，逐渐改变了人类生活的格局，加速了人类文明的进程。

农耕生活的车辆渐行渐远，机械车辆的出现，千百年赖以生存的耕牛劳作，在源头基本消失。眼前所见的机械农耕用具，在现代文明发展的时代，替换、变更的车轮成为一个个前行的符号。拾取各种替代耕牛的农耕机械，是改变农耕文化历史的重彩一笔，就如电信的发展，我们还没忘记当年每人腰上别着传呼机、大哥大的情景，虽然短暂，它是历史长线不可断的节点。

车轮滚滚，与历史并行，前进滚动几千年，也许好景不长，有轮的车算个逑，无轮的悬浮车已经出现，磁性身材，空中漂移，来去自如，出现在人们面前的车又是另一番景致。

①木头上钉上橡皮，省力耐磨，比木头滚动前进了一步（古田黄田镇）

②双轮胶皮平板车，从木质独轮中演变（武夷山岚谷乡横源村）

③弃旧换新（建宁均口镇）

①自行车改装的三轮车，行走载物两不误（建阳区黄坑镇新农村）

②黄包车，不光是拉客赚银子，流动广告也是来钱的渠道（连江琯头镇）

③满街乱窜的三轮车医疗广告（顺昌）

①两轮摩托车，农村的主要交通工具（南平郊区）

②两轮摩托车适合单体劳作（浦城）

③留存遗址足以展现当年的繁华景象。现代与传统焦灼前行。古巷骑车的老者，雄风不减当年（建阳区麻沙镇水南村）

④没有最小的，只有更小的。大与小，快与慢的对比强烈（福州三桥）

⑤电动车和汽车是否影响城市的拥堵，还有待考证，体积小，载重大，速度快是王道（福州三桥）

①奔驰，从这里开始（闽清省璜镇）

②当年风靡一时的手扶拖拉机，已成为历史（武夷山岚谷乡黎口村）

③让耕牛消失的耕作机（武夷山岚谷乡黎口村）

④农村实用型三轮摩托车（延平区巨口乡九龙村土厝群）

⑤摩托车多加一个轮，便可载人拉客（闽清省璜镇）

1

2

3

4

5

①三轮摩托车，是独轮车的进步，机械动力的改变，将农耕生活带进了文明社会（武夷山岚谷乡）

②农用车，也要更新换代（武夷山岚谷乡客溪村角岭塔自然村）

③时尚，不分城乡（永泰梧桐镇）

④城里有的小轿车，乡村随处可见（武夷山岚谷乡）

乡村的桥

我不太清楚多大才算是『桥』，网上搜索没有答案，字典也没这一说。

走过闽江众多源头的村落，山区中的村落，选址前第一条件是水源，后考虑住宅地的位置。依山傍水是理想的居住地，风水学中水是重要的考量要素，水、阳光与空气，人的生命之源。

山里的森林植被茂盛，水系自然丰富，村落中的水沟如蛇状弯曲无序，房屋的布局错落有致，水流穿村而过，村落沿溪而建。水系维持着全村人的生计，洗衣、洗菜、洗杂物，活水流淌，取之便利，水沟之上，都会铺上一条石板，方便行走。人为的沿水沟铺设石板或木板，我的理解就是“桥”的概念，越过水沟铺成路，算是最小的“桥”吧。

桥的种类很多，从原始的木桥、石桥、砖桥、竹桥、藤桥、铁桥到水泥桥。按着顺序的排列，如同一根竹子，历史节点分明，新旧明了。

按结构及外观分梁桥、浮桥、索桥和拱桥这四种基本类型。梁桥，也叫平桥，是以墩与墩之间做水平距离承托，跨空架梁并平铺的桥面，如今城市江河建造的桥大多是这种桥。

浮桥在 20 世纪六七十年代还较为普遍，在我国的南方如江西、浙江、广西等较为常见，船与船用一条铁索相连固定产生的浮力，形成浮桥给过往行人行走。小型的自制车辆能在浮桥上通行。人在上面行走，摇摇晃晃，初次行走，会有些恐慌，还是需要些胆量。不便之处，如遇到大水超过船的

㈠古桥，像一个经历风霜的老人，悠闲地向你叙述温婉而动人的故事（三元区辛口镇中山村）

设计长度，就要断开几天，靠划船应急，等洪水过后又重新接上，加上需要人工的管理、维修费较高，多数已经不见踪影，如今还能见到的浮桥，大多为观赏而建，怀旧多于实用功能。

拱桥，在古桥中最有生命力的一种，即便是当今，它仍有继续发展的空间。庙宇、园林里偶见使用。如今许多的楼、堂、馆、所都有用拱桥装点门面，找出文化内涵，增强景观的亮点，是当今的时尚，观赏大于实用价值。

离城市较远的山区，开发建设还没顾及的地方，古时的官道，遗留下来的拱桥，大多偏离城市，杂草丛生，用途不大，算不上主道，如今乡村旅游的开发，给在城市里待烦了游客带来新奇，寻古探今，当今很流行，不愁吃穿的日子，讲究的是精神层面的追求。

说起廊桥，目光都会聚焦在闽浙两省。福建的廊桥集中在闽东地区，靠近闽浙交界地，许多乡村都能见到大小不同的廊桥。其实闽西北的廊桥也非常多见，大多深藏在边远山区，人们淡忘的地方。有摄影人专门拍摄过，估计有一两百座，名气不如闽东，但不比闽东廊桥逊色，建造特色各有千秋，很少见到相同的廊桥，就是出自一个师傅的手艺，但因地形不一样，廊桥的造型自然无法统一。没有统一就没有重复，每一座廊桥都有独特的艺术及欣赏价值。

从水沟开始，溪、河、湖、江、海都有人类建桥的丰功伟绩。遇河搭桥，见山架桥。从小到大，从无到有，由简到繁，建桥的创造力从没停止过。一座座桥，将人类的智慧发挥到极致，代代相传，永无止境。新桥与旧桥，小桥与大桥，从乡村到城市，横躺在地球面上，相隔千年的历史，为后人留下久远而清晰的历史烙印。

桥，默默地与水相伴，愿在人的脚下，迎朝送暮。

1

㊀清朝时期的古桥，彰显出古老的韵味（长汀馆前镇彭坊古村落）

①几根木料横直，木板铺面，人畜便可通行（浦城忠信镇）

②山区常见几根木料捆绑在一起，搭建成简易的沟桥（武夷山吴屯乡红园村）

③简易的木头桥，农村初期建造（武夷山岚谷乡横源村）

④浮桥，乡村常见的河道走廊，涨大水时可分离，洪水退后又可连接，如今成了难得一见的景观（永安燕西街道吉山村）

①廊桥，农村最辉煌的建筑工程（光泽寨里镇桃林村）

②古桥，大多是过去的官道，如今成了文物保护（延平区巨口乡馀庆村步云桥）

③桥面建造复杂，遮风避雨，桥与凉亭两用，比廊桥的建造差些（明溪胡坊镇肖家山村）

①石拱上建凉亭，大多远离村子，为行人提供纳凉、避雨之用（浦城忠信镇）

②村里普遍建造的石拱桥，便捷、实用（浦城）

③拱桥与寺庙，见证百年历史（武夷山吴屯乡红园村）

1

2

3

①沿村子环流的小沟，几块石板铺平就可以跨过，算得上源头村最小的『一步桥』（建阳区莒口镇长埂村小源村）

②溪水经过，条石铺成，我认为这是最短的石桥（武夷山吴屯乡红园村）

③两块石板横铺在水沟上，简易、实用（武夷山吴屯乡红园村）

①20世纪70年代山区建桥，大多使用水泥建造（建宁）

②20世纪80年代乡镇最『牛』的水泥桥（建宁均口镇）

③水泥建造的拱桥，农村普遍使用（武夷山岚谷乡）

①跨越闽江两岸，有无数的桥梁，大多水泥建造（延平区）

②城镇发展，去旧换新，唯独这座古桥还在坚守最后的阵地（马尾区闽安镇古桥）

③合龙桥，修复一新，展示效果大于实际使用功能（闽清省璜镇）

传统与现代焦灼并行

闽江源头，风雨前行千百年，经历朝代变迁，潮起潮涌，风云变幻，留下的遗物不过几百年。从村镇能看见的建筑，大多是明清时期的。由于交通不便，远离现代文明的慢慢侵蚀，还能见到一些较为完整的建筑模式，众多的寺庙、宗祠传说中的上千年历史，都经历过无数的翻新，早已面目全非，今非昔比了。

一个饿肚子的人只有一个烦恼，如何有饭吃，能活命，有衣穿，别冻死。吃饱饭的人烦恼有无数个，需要满足精神的烦恼，还有无数个问题：我是谁？从哪里来？到哪里去？经济发展是人类生存的重要部分，但不是全部，酒足饭饱的人有更多的精神需求。

八闽大地，古民居随处可见，如今成了当地宣传、参观的必去之地。建个新屋容易，保护好一处古宅、古村落就没那么容易。现实与理想还是有很大的距离，农民看见的是眼下的利益，政府的推动，如同嘴里塞进了猪毛，咽不进，吐又吐不出来，丢弃可惜，留下无力。老房子年久失修，继续居住有众多不便，政府不让拆，又没资金修理，有钱还没这个技术，传统的雕刻技艺早已失传。划出一块地给老百姓重建，但老宅里的人走了，屋空了，老鼠就来，猫也跟着来，猫抓老鼠，上演猫鼠大战，房上的瓦片无法抵挡如此混战场面，破裂。逢落雨刮风钻墙进屋，泥墙木料饱受侵害，倒塌损毁只是时间早晚的事。

村民说：“老房子当然没有城里洋房好，亮堂，老房子乌七抹黑的不好。”老房子屋内光线黑暗，阴凉潮湿，三月天霉雨季，泥土加上腐烂气味浓烈得让人窒息。身上穿的，床上盖的都是湿漉漉的，人畜混养的传统生活方式，加剧了传统与现代文明的碰撞，保护与消亡，拆旧房建新房，现代文明与传统文化焦灼并进，政府花巨资保护的古民居得以保留，大多老宅随着时间的推移将毁灭，这是自然规律，现代文明必将替代古老的传统习俗，这是趋势，不可阻挡，每个朝代的辉煌时期都将前朝的旧物清除抛弃，明清辉煌时代，也毁掉的是唐宋时期精美建筑，能为子孙后代留存几百年就了不起，上千年那是极品。

每个时代的发展到鼎盛时期，都要大兴房屋。古人讲究安居乐业、落叶归根的道理。好的房子，基础结实，处处都熨贴着我们的身体。从风水、采光、水源、饮食、居住、隐私等满足了人性的要求。除了高大、宽敞，更要在门楼、雕刻处下足工功，做足面子，体现主人的身份与实力。每一块木头、瓦片、石砖都浸透了人类争强好胜气息。

改革开放，现代文明的步伐是跑步前行，人们有理由享受文明进步带来的好处，老的不去，新的不来，更新换代，淘汰落后，加速了老房子的消亡，成片古宅的村落已经很少看见，钢筋加水泥的房屋已经渗透村落的每个角落，参差不齐，灰黑色房屋，老祖宗留下的遗产，随着时间的推移，慢慢消失殆尽。

地方政府保护古民居进入了误区，大多没有古村落的保护知识，上面给的大笔的银子，不知如何花销，拨下的资金专款专用，修个路，建个停车场，老屋修复缺乏专业指导，建筑改造不伦不类，破坏大于保护，投入了大量的人力、物力，守住了一片空屋，人走楼空，成了鬼屋，没人居住的房屋让人瘆得慌。

没人居住，缺了人气，没了风俗，楼房就如搭成的积木屋，没有长久可言。城里与乡村不一样，看多了水泥屋，建个假的老房子都会有人气汇集，要的是热闹、新鲜，真假不重要，大多不研究历史文化，没有建筑年代的概念，与城里的房子不一样就行，要的是热闹的氛围，火爆的场面，从文物店借用的展示物品，就当着主人的遗物，也没人不信，见到假的也当真，无关紧要。民间工艺，特色小吃，西洋餐饮，丰富多彩，节日更是人头攒动，挤成了烧饼，饱了眼福又享嘴福，皆大欢喜。

乡村，是一种情结，一种情怀，一种让人回味无穷的遐想，终生难忘的思绪，每当想起时你还会再想去看一看。社会进步与文化保护，去与留，焦灼与理智，考验着人们的智慧。

历史更像是一把杀猪刀，干脆利落，不留痕迹。

1

2

3

4

①历史文化古镇，能看见的实物不多，寺庙、宗祠、古桥还能证明历史的存在（马尾区闽安镇）

②壶江村，四面环海，独处一座孤岛，靠渡轮连接与陆地的距离。发展的速度远远快于山区，新房如雨后春笋，旧的石头厝所剩无几（马尾区壶江村）

③前后房屋分界清楚，一个历史的演变清晰明了。古民居粉饰一新，得到有效的保护。不是所有的古村落都会得到重视（永安青水乡）

④远离城市的古村落，水泥房正在慢慢侵蚀，新与旧相互焦灼并行（建宁溪源乡上坪村）

①没被拆除的老屋，大多人走屋空（宁化曹坊镇下曹村）

②古镇老宅大多人去楼空，如同鬼屋。靠少量的游客光顾，已经失去了民居的原汁原味（邵武和平古镇）

③矗立在街坊的牌楼风光依旧（邵武沿山镇徐溪村古民居）

①传统建筑的保留所剩无几，门楼成了村民炫耀的少数物件（建阳区书坊乡书坊村）

②风烛残年，一段历史的终结（邵武沿山镇徐溪村古民居）

①藏入山中的坂中，土堡建筑规模宏大，保存基本完好，还有两三户人家居住（永泰梧桐镇）

②千年古村落，一度失传的傩舞近年复活传承。众多古建筑文物保存较为完好（泰宁新桥乡大源村）

③20世纪50年代建造的新街，排列整齐，屋内空间宽敞。当年这里是水运的集散地，街道两旁开设银行、邮局、米行、戏院等样样齐全。眼下今非昔比，但保存完好，墙上各时期的招牌、标语还清晰可见（永泰梧桐镇）

①山石铺成的小道，将幢幢老屋串联在一起，韵味十足。远离文明中心，原有的古民居保留较为完好，大多村民迁移，给建筑群保护带来棘手的问题（将乐万全乡良地村）

②一个当年兴旺的山村，沉睡了多年，又进入了人们的视野，大多老屋拆得七零八落，原始村落也面临着保护与发展的艰难选择（三元区中山村）

③地处偏远山区，至今保留原始建筑的土厝群，众多房屋陷入人走楼空的局面（延平区巨口乡九龙村土厝群）

①水运交通的便利带来物流繁荣。古街沿码头而兴旺的遗址，如今成了当地旅游景点（永泰嵩口镇）

②下梅村，一个为数不多，焕发青春的成功案例（武夷山下梅村）

③一个原生态保留较为完好的村落（建阳区莒口镇长埂村小源村）

横坑——闽北古村落最后的净土

横坑不横，与大多村落一样，村落规划以中间长形水溪为中心，利用两边自然山势错落排列，沿溪水向上递增扩展。村子不大，百来户人家，地处邵武桂林乡，与江西相临，迄今已有1000多年的历史，是闽江源头最近的村落之一。

①横坑，山坳里的一个村落，迄今有1000多年的历史。深藏着富甲一方的故事（邵武桂林乡横坑村）

从2002年开始，策划过一套关于福建古民居的摄影散文系列丛书，后又编辑出版了《福建经典古民居》及《屋檐下的雕刻艺术》的大型画册。先前冒出头的福建经典古民居基本走了个遍，有所心得。当年名气大的和平古镇、金坑古民居都在收编的范围内，印象深刻。如今大多人去屋空，留下的是政府花巨资修缮保护的空屋，行走中如同孤魂鬼影，阴沉的老宅子胆小的人不敢走进，偶尔见屋里有人，老弱病残居多，不时碰见都是惊恐万分，游玩心情大打折扣。想当初兴旺时期，那是何等的壮观景象，眼下面目全非，今非昔比。老房子有人就有灵气，魂还在。

横坑古村，原来并没听说过，藏在深山无人识，当前流行游古民居的热潮，政府花大力气宣传开发，得以重见天日。闽江行走，自然安排日程探访。村子离县乡有一段路程，靠近江西边界，赶上正好修路，小车颠簸了几个小时到达目的地。迎面矗立着高大黄氏家庙，临溪而立，霸气十足，威严得很。宅内雕梁画栋，十分精美，历经数百年的墙上壁画色彩依旧艳丽，栩栩如生。一眼望去，青砖碧瓦，明清时期的建筑，坐北朝南，依山面溪。石拱桥下溪水缓缓流过，河卵石陪衬着小花、小草格外醒目，水车顺着流水不停地转动，如同演奏一曲乡间小调，养眼动听。

村长忙得很，没时间接待我们，找了一个 80 多岁老人带路，估计对村里的事很清楚，算是有文化的那种。通常我不喜欢有人跟着，习惯一个人快速行走，眼扫耳听，第一次印象很重要，高度紧张的细胞有助对事物的整体判断。

顺着村口往村里走，沿溪靠村的小路被水泥打包，很光滑。老人看出我的疑虑，原来的路都是河卵石，中间青石板铺成的路，前几年倒的水泥路。老人有点自责，正在考虑恢复原来的路貌呢。破坏容易，恢复难，翻倍的工，翻倍的钱，出来还不是那个味。老人才不会考虑这条路有什么不好，估计出这主意的专家、老师、大师，没少批评、建议，否则老人也不会如此地敏感，我还没提他就先说了，还提出了准备整改意见，真是瞎折腾。年轻人都进城打工买房，留下的不是老的就是小的，高低不平的石头路肯定没有水泥路平坦。花了人力、物力做成的为民工程是一件大好事，也算村长的一份政绩，如今成了负担，这世道真会开玩笑，不好的说成好，好的说成不好，村里人也没搞明白，反正外来人不住村里，只有讨外人喜欢，有人来，愿意掏钱花在村里那肯定是好的。

从村头到村尾，一排排好几幢有规模的古宅连成片，有些不合时宜的钢筋水泥楼穿插在里面，有失原貌。门楼规模不起眼，院内的空间严格按大宅建造，厅堂、前厅、后厅、厢房、小姐闺房等规格分配有序，厅堂中央供台牌位建造各家不同，供奉的祖先、神灵也是五花八门，丰富多彩。

村子不大，伸头转一圈，能看个大概，没有什么特别之处，我就和老人边走边聊起来。

“村里靠什么生活？”

“就是山木、毛竹、笋干、野菇等山货，也没别的。”

“那就不对了，靠这些你们祖先能盖得起这么多的大宅啊！”

根据这么多年来对古民居的一点了解，靠这些山野货能盖得起如此大宅大院是天方夜谭的事，除非当强盗或发了不义之财。当官盖的宅院不会这般模样，也建不起，历朝历代，靠奉禄得到的官银，养家糊口还行，修建大宅大院不靠谱，除非是个贪官。

老人说：“祖上在外做生意，发了财回乡盖的大宅院。”

叶落归根，安居乐业，光宗耀祖，中国人传统思维符合实际。是何处高人来到此深山老林里落户，又跳出村里在外闯荡，一群经商的风云人物，顺风顺水地赚取了大把银两，躲进了这深山老林里斗富摆阔，演绎一场波澜壮阔的伟大变革。横坑的故事，按目前电视剧的情节，拍个十集二十集《横坑演义》应该没什么问题。

从古宅规模判断，从清朝时期发家，后期也逐渐衰败，几乎停滞不前。从现有房屋的建筑上也可看出基本脉络，富不过三代，子孙享福自然不用拼搏去讨生活，先人的成功基因没有传承下来，享乐、不思进取是普遍中国人的恶习。改革开放后，由于山村远离城市，道路不畅通，这里也是严重滞后，同时也庆幸它远离现代文明，村落遗风基本得以保存。

村里人悠闲得很，一条硕大的木材，横在溪边的房檐下当板凳，能坐上十几个人，坐着、站着闲聊，村中央有个小卖部，溪水两旁堆满了“笋仓”，自然成了家家户户的“聚宝箱”。

山涧水穿墙破院直接流进院里石槽里，里面放着处理好的竹笋，一条鲤鱼自由自在游弋，水清澈得手都不敢伸进去，忍不住头伸进去牛饮一番。

山里人，客气得很，走家串户，不是请喝茶，就是让座，留下吃饭，虽然客套，但心里舒坦，如此民风淳朴得很。村里的卫生家家户户还算干净，能落下脚，人畜混合是农村难以克服的陋习，做到这一步估计花了大力气。

穿行在高低不平、大小不一的窄巷里，让人不由地陶醉在古村醉人的古风遗韵之中。乡村的古民居比不上城里的老房子，做个假的都能热闹赚钱。城里人居住时间长了，就想看乡下的老宅子有什么不同，路途遥远，都奔着货真价实去，来不得半点虚假。看老屋，赏民风，吃乡村美食，口口相传，才能聚积人气，少了这些，再好的古民居也不过是摆设。

我想象的古村落，不大动干戈修缮就是保护，坏了留下点空间想象比修个假的好。花点力气解决卫生问题，解决千百年来老祖宗遗留的难题，做成了，贡献不比袁隆平的水稻逊色，也给闽江带来福气。原有的民风民俗能延续下来，不失母体，原汁原味。种上一年四季能开花结果的树木（婺源的油菜花是吸引游客的重要因素之一），吃上没坐过车的蔬菜，喝不用烧开的山泉水，那就是天上人间。

晚餐，见到桂林乡李月明乡长，精瘦，精力充沛，是个想干事的主。谈起横坑的发展滔滔不绝，如数家珍。目前他做成最得意的事，是横坑成了众多美术学院的写生基地，每年都有大量学生到来，能画画写生的地方肯定错不了，美术老师眼毒，不好玩，不好看，不会带着学生到这穷乡僻壤的地方。如今的横坑，得到专家、学者认可，也得到了县、市级领导的重视，前景看好。李乡长说："冬天下雪时横坑更美。" 一幅高调的山村摄影作品，一幅清新淡雅的水彩画。一个幽雅恬静的境地。

闽江源，横坑的雪，我向往那片最后的净土。

①摩崖石刻，记录了村落的文化底蕴（邵武桂林乡横坑村）

②悠闲的山村场景（邵武桂林乡横坑村）

③小桥、流水、人家，"黄氏家庙"矗立村头（邵武桂林乡横坑村）

1

2

3

①古人的文明，早已刻在门楼上（邵武桂林乡横坑村）

②祠堂建造规模庞大，建筑保存完好（邵武桂林乡横坑村）

③气度非凡的门楼，足以证明当年辉煌的历史（邵武桂林乡横坑村）

④厅堂建造与众不同，摆放族谱及各种祭祀用品（邵武桂林乡横坑村）

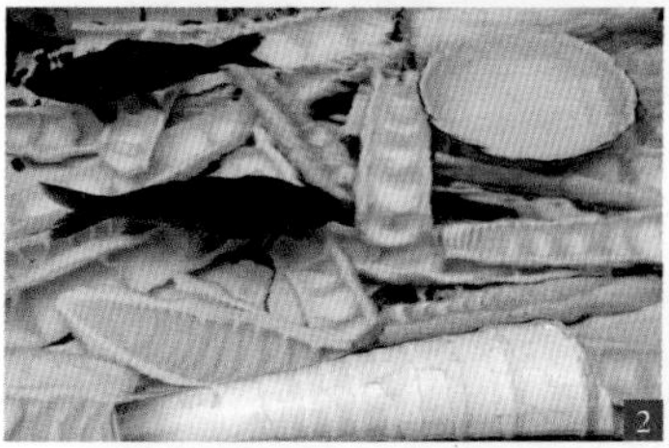

①青茶，是制作擂茶主要原料（邵武桂林乡横坑村）

②清澈的山泉水，直接流入家门口，食材天然纯净（邵武桂林乡横坑村）

③老人的宗教信仰根深蒂固（邵武桂林乡横坑村）

④农耕时舂米的用具（邵武桂林乡横坑村）

①~③精美的石雕，随处可见（邵武桂林乡横坑村）

元坑古镇

虽然『顺昌』，也有衰败时，名字取得好，吉祥，自然心情好，顺风顺水，昌福昌盛，心里平衡人生之良药，人生追求的最高境界。

元坑镇，要算资历，要排在顺昌县名之前，先有谟武（元坑镇的所在地），才有“顺昌”。由于金溪贯穿元坑境内，明清时期是入闽的重要水运通道之一。繁忙的水上运输成了当时的商贸中心，造就了大批的富贾，他们大兴土木，留下了众多的豪宅、祠堂、桥梁、文苑，还引进了外国的教堂，宗教文化，中西结合，和平共处。

走遍“八闽大地”，大多古村、老街、老镇的辉煌历史都与水运有关，码头到达的地方，也就是当地兴旺发达的所在地。财跟水走，运随水转。元坑镇管辖着 13 个行政村，算得上是一个大镇。镇所在地避开了古村落的旧址，重新做了规划，与众多的古民居的遭遇差不多，当知道祖宗留下的物件算一件宝贝已经晚了。历经“文化大革命”破旧立新的运动，又遇上改革开放的好时机，前期的拆旧换新、改头换面是大势所趋，后期的去旧迎新是人心所向。

俯视中国大地，城市的钢筋水泥建筑模式全国标准统一，不管走到东南西北哪座城市，睡觉起来，伸头外看，积木式的高楼大厦肯定没有离开中国版图。老城拆光，老街变样，寸土寸金，旧的不让新的从何而来。县、市、省城，乃至京城，无一例外。等城市没了特色，才想起建个新屋容易，修一幢老宅就不简单了，后悔莫及，眼光自然落到乡村的古村落，现代文明的阳光迟到些，还留存了一些祖先的老宅，眼下的乡村一天一个样，面貌的改变也正在如火如荼之中，停住刹车，速度太快，

㊀村里的祠堂门面保存完好，先辈创造的辉煌依然挺立（顺昌元坑镇）

惯性下来，也所剩无几。这几十年的光景，被保护完整的老宅几乎没有，农村向往城市的生活，住的没城市的高，但住的比城里人宽敞，独家独院，互不干扰，个个如同住进别墅，享受着天然的空气、阳光与水，后来者居上，让城里人羡慕不已。

百年的老屋留着看看可以，人居住显然不合适。改革开放后，先得红利者先住上了洋房，成了村里耀眼的明星，后来者不甘落后，纷纷揭竿而起，水泥钢筋新屋如雨后春笋从旧屋中生起，一幢比一幢“高大上”，比占地，比阔气，拼得是实力，有钱就任性。晚发迹者也是后浪推前浪，不甘示弱，只要从老屋跳出来的，就是从旧社会走进了新社会。批不到宅地的就在老屋内的地基建造，新旧参半，不伦不类，让人看了哭笑不得。一眼望去，黑灰的老宅在光亮的新宅中黯然无色，苟且偷安。

谟武村是个大村，老屋一字排开，坐北朝南，从东到西走上一趟，也要十几分钟的时间。陈氏旧宅俗称三大栋。坐北朝南，四进庭院，建筑面积大，据说用了三年多的时间建造完成，为当地民间建筑最高水平。村中其他老宅，建造的规模不大，但精美的雕梁画栋，穿斗月梁，造型多样。闽北的砖雕工艺运用普遍，各种砖雕人物故事，花草、动物谐音、暗喻、象征等手法匠心独具，与当时名门宅第的风范并存。

富足的谟武村人，在解决温饱的同时，有理由享受精神的需求，敬祖祭神，驱邪避鬼，祈福安康，追随传统文化的延续，大量的宗祠、寺庙、文苑、戏楼跟随而来，仅现有的吴氏、蔡氏、朱氏、张氏、邓氏、陈氏、萧氏、叶氏等祠堂都保存完好，给后人留下了一份富贵的精神财富。消失的将永远从村里抹去，留下的成了耀眼的明星。

从元坑镇的整体布局，注意到现代与传统文化的相结合，进镇口休闲公园，文昌桥、古塔、水车等农耕传统文化元素运用得体，虽然是个新的，但意思还在，过个百年，又是一座文物。

历史一个轮回，如今城里人向往农村的生活，吃要原生态，粗茶淡饭更有利长命百岁，有文化的人，把农村的旧房构架搬进钢筋水泥屋里，装饰农村的模样，古色古香，说是有文化的象征，有中国建筑特色。农村人更是向往着城里人的生活，住上洋房，敞亮，挤不进城里的高楼大厦，建一幢洋房还要靠在公路旁，听到汽车的声音心里踏实，离城里近了，睡得也香。

破坏的不复再来，留下还能支撑多久，农村人想城里的现代生活，城里人向往乡村的自然生态，前所未有的纠结伴随而行，元坑也不例外。

①祠堂，集家族之力建造，地位显赫（顺昌元坑镇）

②『魁』字当头（顺昌元坑镇）

③传统建筑模式进入镇里的环境规划（顺昌元坑镇）

④农耕劳作依旧保留（顺昌元坑镇）

⑤古村落的田园风光（顺昌元坑镇）

1

2

3

4

5

彩洋过大节

彩洋村，坐落在尤溪县西滨镇的小山村里。全村人口200多，大多都远离了山村，在外安家置业，平时只有老弱病残者几十号人常住，守家护院，冷静的鸟叫超过人声。

“三月三”是彩洋村的华光帝庙会的传统节日，相传有几百年的历史。祖先的仪式，传统的节日将远处的子孙召唤回了村，瞬间，安静的山村沸腾，男女老少，拖儿带女从四面八方回到故里，欢度一年之中村里最热闹的节日。

近年来，村里除了举行自己的传统仪式，后坪村的畲族“三月三”民俗节日也融合在村里共同进行。汉族与畲族，敬祖、祭神、乌饭节、对歌等吸引了大批闻名而来的客人，五六百人同时拥进小山村里，一条平时空荡的水泥路，顿时显得有些拥堵。西滨镇镇长蔡濠介绍：“西滨人不管是对外姓人，还是对外来的生意都可以接纳，西滨人最大的特点是有‘包容’的胸怀。”“包容”是一种精神的凝聚，善良的结晶，人性至善至美的沉淀。

彩洋村的节日，保持了原有祖上的仪式，融入少数民族的内容，人们在享受传统的仪式，欣赏丰富多彩民族歌舞，免费品尝特色小吃，体现出一种“包容”的胸襟，浸润着当今社会人们浮躁的心灵。

山不在高，有仙则灵。彩洋的狂欢节，让人“望得见山，看得见水，记得住乡愁”。

①～④『华光大帝』是村民信奉的一位神明，每年的『三月三』村民来华光大帝庙前举行祭拜仪式，供奉各种物品、香火，祈求五谷丰登，风调雨顺，田禾大熟（尤溪西滨镇彩洋村）

①～④抬神、戏佛、洗佛是节日最隆重的活动，整个过程将人们的热情带入高潮，传统的民间文化演绎得淋漓尽致（尤溪西滨镇彩洋村）

3

4

①祭拜树神，烧纸、点蜡、敬香、敬酒各种程序（尤溪西滨镇彩洋村）

②敬树神，插上箭，是程序中的重要环节（尤溪西滨镇彩洋村）

①~④彩洋一年当中最热闹的日子，家家户户张灯结彩，邻近各镇各村庄的亲朋好友都会从四面八方赶来相聚，来者都是客，各家各户制作艾粿、紫薯饼、南瓜饼、春卷、糍粑、豆干等特色小吃供大家免费品尝。没有认识与否之分，没有冷落疏远而言。主人家盛情款待，招茶呼饭，宴饮尽欢（尤溪西滨镇彩洋村）

①~②来的都是客，各家各户制作艾粿、紫薯饼、南瓜饼、春卷、糍粑、豆干等特色小吃供大家免费品尝（尤溪西滨镇彩洋村）

后记

写作，一直是我的薄弱环节，长期不用笔，就更没这种习惯，平时说话还算溜，不看稿子能说出点道道，加上肢体、面部表情并用，有些感染力。只要拿上笔，面对白纸，脑子就一片空白，想要说的话如同吃了迷魂药，完全不给力。

摄影是造型的语言，要表达一组选题的完整性，有很多缺陷，如同一只手，只说到手心，还是缺手背，那只好试着说说手背，学着爬格子，摸着用文字抽象语言说事，说些图片背后的故事，弥补表达内容主题的不足。与靠文字过活的大家无法相比，按部就班，四平八稳的文学表达方式也难以学会，如今的网络写作风格，也打破了传统的文学表达方式，就如当年反八股文一样，民间的语言更能接地气，“太阳从东边出来，还是东边出太阳”，知道太阳从东边出来就好。没了那些老套路，自认为“大白话”文，降低文学写作的标准，看图说话，真实就好。

我喜欢传统的农耕文化，也许是与下放知青生活情结有关。经历过艰辛的磨难，才会刻骨铭心。高中毕业不满成年人的标准年龄，最需要修身定型时期，响应号召，到“广阔天地，大有作为”的农村去接受了再教育。一天劳作时间，除了出工，赚工分钱，还得忙活知青分的自留地。个头小，力气还没到使不完的阶段，拿起锄头还有点吃力，掌握不到窍门，农活如同体育运动，不经过长年的练习，门都摸不着，就别说种菜还是门技术，人模人样的来到几块自留地上，一锄头挖下去，锄头翻了几个跟斗，不见土动，一块 4 米长的菜地，花上一个星期都整不出型。更多的时间是躺在地上，眼望星空，数着星星，看着月亮，等到天黑回去填饱饥肠辘辘的肚子。

种上菜苗，离有菜吃还远得很，农活的谚语：“有收没收在于水，收多收少在于肥。”想多种菜，种好菜，村民到城里挑粪，那时城里的粪池，大多厕所边上建一个大坑，装满了就由农民上街挑走，村子离城市有十几里地，来回大半天的时间，还要挑着六七十斤的粪便来回，不说有没有这个力气，更是考验接受再教育的态度，回到自家生活圈去淘粪，碰见熟人咋办，丢不起人啊！光着身子打稻谷，跳进两米多深的猪圈粪坑淘粪，大多能吃苦耐劳的事都做过，唯独上街挑粪没干过，结论不言而喻，我们那自留地的菜，永远都是营养不良，精神不振，如同打了霜，蔫头耷脑。到我离开的那一天，也没吃上一把像样的青菜。

乡村的房屋，农活的用具，农家的生活场景，锄头、柴刀、耕地、砍柴、挑粪、推车、插秧、割稻的场景，一幕幕地在眼前浮现，如同电影胶片，都定格在那框内，在脑里闪过，陈年的老酒，年久越芬香，艰苦的经历，突显人性的风采。

农村的生活经历，是勾引起对农村传统文化的创作起源。从2002年开始，对福建古民居的采访与梳理，与多位文学作家合作，策划、拍摄、出版了一系列表现乡土文化的书籍，《福建土楼》、《福建土堡》、《福建古民居》、《福建古村落》系列丛书。先后有《屋檐下的雕刻艺术》、《客家文化》的系列丛书出版，跑遍了八闽大地的大多乡村，从闽东到闽西，从闽北到闽南，从沙路、泥路、黄土路、碎石路，到如今的村村通油路、水泥路，路非原路，村非原村，源头许多村都人去楼空，空屋、空村开始蔓延，面朝黄土背朝天，农民向往着城市生活，朝九晚五的日子，城里人向往着农村的田野生活，我向往《房梁遗梦》里的影像，乡村经历过的日记，可能冥冥之中有轮回。

百年时光，弹指一挥间，久远的记忆，渐行渐远。